;

Rêvez,
Osez !

Lucia Canovi

Rêvez, Osez !

*Neuf contes
fortifiant l'âme*

« Le conte n'est pas fait pour endormir les enfants, il est fait pour réveiller les adultes. »

Rabbi Nahman de Bratslav

« Il va falloir rêver car, pour que les choses deviennent possibles, il faut d'abord les rêver. »

Madeleine Chapsal

Avant-propos de l'auteur

Les neuf histoires contenues dans ce recueil ne sont pas des contes traditionnels issus de tel ou tel pays ; elles sont nées dans mon imagination, qui a elle-même puisé dans un réservoir infiniment plus large, que Carl Jung appelle l'*inconscient collectif*, quoique ce stock commun d'images, de symboles et de situations qui irrigue les rêves de toute l'Humanité n'a, en réalité, rien de particulièrement inconscient. Toute ressemblance avec votre propre vie ou avec d'autres histoires vraies ou inventées ne saurait donc être le fruit du hasard ; ces histoires ne sont pas à moi, elles sont à vous, elles sont à nous tous.

Sur ce, je vous souhaite une excellente lecture !

1. Le Vieux Maître
de Karaté

Il était une fois, dans un pays d'Asie, un vieux maître de Karaté très respecté. Il partageait son temps entre le Karaté et la Calligraphie, où il n'excellait pas moins.

Ce jour-là, le vieux Maître était extrêmement énervé, et se défoulait en donnant de grands coups de pinceau sur une feuille blanche. Il réalisa ainsi une très belle calligraphie, car même lorsqu'il était sur les nerfs il se maîtrisait parfaitement, mais comme sa tension nerveuse était toujours là, il sortit dans le jardin verdoyant et ensoleillé et se mit à faire les cent pas.

Quelques mois plus tôt, une jeune fille s'était inscrite à son école de Karaté et le vieux maître était tombé amoureux d'elle. Il la voyait toutes les semaines sans rien lui montrer de ses sentiments, mais à force, la situation était devenue insupportable. Il voulait en sortir d'une manière ou d'une autre, soit en lui demandant de quitter l'école, soit en lui demandant de l'épouser. Comme il n'arrivait pas à se décider entre ces deux options, le vieux maître de Karaté sortit une pièce de sa poche.

« Pile, je lui dis de partir, face, je lui demande de m'épouser. »

Il jeta la pièce, qui tomba sur pile, et par esprit de contradiction, ou peut-être plutôt parce qu'il était vraiment très amoureux, décida de la demander tout de même en mariage, quoiqu'il eût peur qu'elle refuse, peur de perdre sa réputation de sagesse, et peur de se ridiculiser aux yeux de ses élèves. La jeune fille, qui s'appelait Ana, arriva comme d'habitude pour sa leçon de karaté, et le vieux maître lui demanda de l'épouser. Ana aimait le vieux maître comme son père. Au lieu de répondre « oui » ou « non », elle quitta les lieux.

Deux semaines passèrent sans qu'elle se présente, et le vieux maître se dit qu'il ne la reverrait jamais. Il regrettait de l'avoir demandé en mariage :

« Si je n'avais rien dit, je la verrais encore toutes les semaines… J'aurais mieux fait de continuer comme avant, même si c'était dur ! »

Au bout de trois semaines, Ana revint prendre ses leçons de Karaté comme si de rien n'était. Le Vieux Maître fut aussi soulagé que perplexe. Ana se comportait comme s'il ne lui avait jamais rien dit, et du coup il ne savait pas si son attitude signifiait vraiment « non »… Un jour, il décida de tirer enfin l'affaire au clair. Il prit son courage à deux mains et lui parla ainsi :

« Bon, Ana, je t'ai demandé de m'épouser et tu ne m'a pas répondu : c'est OUI ou c'est NON ? »

Ana, de son côté, avait bien réfléchi. Elle avait pris conscience qu'elle aimait le Vieux Maître autant qu'il l'aimait, voire davantage, mais aussi que si elle l'épousait tout de suite, elle jouerait un bien triste rôle. Le Vieux Maître lui proposait le mariage froidement, sans une once de romantisme, comme on propose un marché commercial. En dépit de sa réputation de sagesse, c'était un vieux garçon endurci qui n'avait pas beaucoup de considération pour les femmes. Ana répondit :

– Cher Maître, pour l'instant je ne peux vous dire ni OUI ni NON.

– Ah bon ? Et quand est-ce que j'aurai ma réponse alors ?, dit le vieux maître de Karaté d'un ton rogue.

– Quand nous serons partis seuls tous les deux en pèlerinage jusqu'au célèbre temple de Matifa, où tant de miracles ont eu lieu, car je sens qu'un miracle est nécessaire pour que nous soyons heureux ensemble.

– En voiture à porteurs ?

– À pieds.

— Mais c'est un voyage de trois mois ! Je ne peux pas laisser mon école de Karaté aussi longtemps…

— Je suis désolée, cher Maître, mais je ne pourrai vous donner ma réponse qu'après ce pèlerinage.

Le vieux maître hésita quelques jours puis accepta.

Il partit donc sur les routes, à pied, avec Ana, en emportant seulement le strict minimum.

Ce fut un voyage fatiguant et instructif où ils apprirent à se connaître d'une manière plus égalitaire : Ana n'était plus l'élève, le Maître n'était plus le maître, ils étaient juste deux pèlerins, deux voyageurs ayant souvent mal aux pieds et devant se soutenir l'un l'autre dans des chemins difficiles.

De retour du pèlerinage, le Maître demanda encore à Anna de l'épouser, et cette fois-ci il laissa transparaître la passion qu'il ressentait pour elle, et qui n'avait fait qu'augmenter pendant le voyage, car il avait découvert qu'elle n'était pas seulement une très jolie fille, mais aussi une âme courageuse et une amie attentionnée.

Ana lui répondit :

— Cher Maître, je ne pourrai vous épouser que si vous vendez votre demeure pour en acheter une autre, que nous choisirons ensemble.

– Mais c'est la maison de mes ancêtres ! Tu exagères ! Je refuse !

Ana, qui était encore plus sage que le Vieux Maître, n'insista pas. Elle continua à prendre ses cours de Karaté avec lui comme si de rien n'était et, l'amour aidant, il finit par vendre sa maison pour en acheter une autre, qu'il choisit avec elle.

Dans cette nouvelle maison, Ana et le Vieux Maître vécurent très heureux ensemble et eurent plusieurs enfants, car le Vieux Maître était en bien meilleure forme physique que beaucoup de jeunes hommes.

2. L'Homme sauvage

Il était une fois un homme qui avait été élevé chez les ours. Il savait marcher, trouver du miel et pêcher le poisson avec les mains, mais il ne savait pas parler. Il n'avait jamais vu d'être humain à part son propre visage dans l'eau.

Un jour, il s'aventura sur un fleuve gelé.

La glace craqua et il se retrouva prisonnier d'un minuscule îlot. De chaque côté du fleuve se dressaient de grands sapins noirs. L'homme sauvage était coincé au beau milieu du fleuve, qui était très large. S'il restait là, il allait mourir de faim, mais s'il plongeait dans l'eau glacée, il risquait fort de mourir noyé. L'Homme sauvage hésita longtemps. Quand il comprit que sa seule chance de sauver sa peau était de sauter, courageusement il se jeta à l'eau.

Le choc fut rude, mais pas tout à fait autant qu'il l'avait imaginé. Le fleuve le tirait si fort que la seule chose qu'il pouvait faire était de nager dans le sens du courant. Au bout d'un long trajet, le fleuve déposa l'homme épuisé sur une berge sablonneuse.

Et c'est là qu'une jeune fille le découvrit à moitié mort, à moitié gelé, et quelque peu noyé. Cette jeune fille, qui s'appelait Sophie, vivait seule dans une petite ferme non loin du fleuve depuis la mort de son père. L'Homme sauvage était si mal en point qu'il lui fit pitié. Elle le traîna jusqu'à sa ferme, le mit au lit, le recouvrit d'un gros édredon en plumes d'oie, raviva le feu de la cheminée et lui prépara un bol de lait chaud saupoudré de cannelle.

Les jours passèrent et petit à petit, grâce aux bons soins de Sophie, l'Homme sauvage reprit du poil de la bête. Quoiqu'il n'ait jamais vu de femme auparavant et ne savait donc pas ce que c'était, il n'était pas insensible à la gentillesse et à la beauté de Sophie. Elle avait un grain de beauté sur la joue droite, deux jolies tresses blondes et un sourire enchanteur. Il aurait bien voulu communiquer avec elle, mais ne savait que grogner comme un ours.

Sophie crut d'abord que l'Homme sauvage était sourd-muet, mais comme il restait perplexe devant les objets les plus simples de la vie quotidienne, elle arriva à la conclusion que c'était un handicapé mental.

L'Homme sauvage, qui était extrêmement intelligent malgré les apparences, comprit que Sophie le prenait pour un idiot et en fut profondément humilié. Un jour qu'elle était partie au village, il s'enfuit dans la forêt.

Sophie en fut attristée.

Après avoir longtemps erré dans la forêt, l'Homme sauvage découvrit une petite cabane fermée. Il força la fenêtre, et découvrit dans la cabane un fusil et des munitions. Il apprit tout seul à s'en servir, et petit à petit devint un excellent tireur. Chaque fois qu'il tuait deux lapins, il en déposait un devant le seuil de Sophie, qui avait ainsi une alimentation plus variée et une vie plus facile. Elle se doutait bien que ces cadeaux venaient de l'Homme sauvage, et espérait sa réapparition. Mais l'Homme sauvage était trop humilié pour se représenter devant elle. Il l'observait à distance, sans se décider à rien.

Un jour, trois brigands qui rôdaient dans le coin s'en prirent à Sophie. L'Homme sauvage, qui n'était jamais bien loin, entendit ses appels à l'aide et se précipita pour la sauver. Il tua les trois brigands de trois balles ; Sophie, qu'ils avaient jetée par terre, était blessée à la tête.

L'Homme sauvage se débarrassa des cadavres au fin fond de la forêt et soigna Sophie avec autant de dévouement qu'il en était capable.

Sophie, fiévreuse et affaiblie, avait besoin de soins constants. L'Homme sauvage fit un effort mental considérable pour interpréter ses moindres gestes, ses moindres paroles. Tandis que Sophie guérissait peu à peu, il commença à comprendre le langage humain et à le parler. Comme un petit garçon, il devint bientôt avide d'histoires. Pour répondre à ses demandes, Sophie lui lu l'un après l'autre tous les livres que contenait la ferme. Elle en arriva ainsi à l'histoire de *la Belle et la Bête*, qui fit une profonde impression sur l'Homme sauvage.

Il se reconnaissait dans la Bête, à cette différence près que la Bête du conte avec une apparence d'animal et une âme d'homme, tandis que lui c'était l'inverse : il avait la forme d'un homme, mais se sentait, à l'intérieur, une bête. Mais puisque le conte se terminait bien, sa propre histoire pouvait se terminer bien, elle aussi… Et si Sophie tombait amoureuse de lui, comme la Belle était tombée amoureuse de la Bête ? Ce serait vraiment merveilleux !

Sophie, de son côté, éprouvait de la gratitude pour l'Homme sauvage, mais aussi de la crainte. Il traversait de longues périodes de mutisme, piquait des crises de rage inattendues pour des détails insignifiants, et lui jetait souvent des regards noirs sans qu'elle puisse comprendre ce qu'elle avait fait de mal… C'était vraiment un ours mal léché.

Par moments, Sophie avait la démoralisante impression de revivre la vie de sa mère, qui toute sa vie avait subi en tremblant l'autorité despotique de son époux, à cette différence près que Sophie n'était pas mariée à son tyran, et vivait avec lui comme avec un grand frère dominateur et caractériel.

Un matin comme tous les matins, Sophie partit chercher de l'eau au puits. Une petite vieille ratatinée était là, et lui demanda à boire. Sophie fut étonnée de sa présence, car dans ce coin solitaire il ne passait jamais personne, mais ne lui en offrit pas moins de l'eau avec gentillesse. La petite vieille lui dit :

– Merci, ma mignonne, vous êtes bien aimable, mais pourquoi soupirez-vous ? Vous avez l'air triste…

– J'aurais besoin d'un changement », lui avoua Sophie.

– Quel genre ? Un petit ? Un grand ?

Après avoir bien réfléchi, Sophie répondit :

– Un très grand changement.

– Alors j'ai ce qu'il te faut, ma mignonne. Marche tout droit sans jamais t'arrêter, et ta vie va changer radicalement.

– Vous en êtes sûre ?

– Absolument sûre. Mais il faut te mettre en route tout de suite.

– Il y a quelqu'un qui m'attend à la ferme...

– Ne t'en fais pas pour lui, ricana la vieille. Lui aussi a besoin d'un très grand changement.

Sophie marcha droit devant elle et arriva jusqu'au fleuve. Une barque bleue se trouvait là, et elle monta dedans. Le fleuve l'emporta jusqu'à la mer et la déposa sur la plage d'une île verdoyante. De belles jeunes filles couronnées de fleurs vinrent à sa rencontre en courant et s'exclamèrent en chœur :

– C'est elle, c'est elle !

– Vous faites erreur, dit modestement Sophie, ce n'est pas moi.

– Aucune erreur : nous attendons une jeune femme blonde avec un grain de beauté sur la joue dans une barque bleue !

Sophie dut bien admettre qu'elle était blonde, qu'elle avait un grain de beauté sur la joue, et qu'elle était venue dans une barque bleue.

Les jeunes filles l'entraînèrent jusqu'à un magnifique palais, et là, elle fut couronnée reine, conformément à une ancienne prophétie. Sophie prit très au sérieux ses nouvelles responsabilités. Elle fut une bonne reine pour son peuple et gagna plusieurs guerres contre des voisins trop envahissants. Plusieurs princes la demandèrent en mariage, mais, les jugeant trop superficiels ou trop efféminés, elle les refusa tous. Un matin, en se réveillant, elle s'aperçut que sur sa joue le grain de beauté avait disparu. Quelques jaloux qui complotaient depuis un moment contre elle en tirèrent argument pour dire qu'elle devait quitter le trône, mais le peuple prit son parti. Elle resta reine et exila les jaloux hors de l'île.

Pendant ce temps, l'Homme sauvage cherchait Sophie dans le monde entier. Dès qu'il rencontrait quelqu'un, il la lui décrivait et lui demandait s'il l'avait vue. La réponse était toujours négative, mais à force de communiquer avec les gens, l'Homme sauvage devenait de plus en plus causeur, sociable et civilisé. Et comme on lui demandait son nom, il finit par en adopter un tout simple : *Paul.*

Pendant cinq ans, Paul sillonna le monde dans tous les sens. Personne ne connaissait Sophie, personne ne l'avait vue. Il finit par rentrer à la ferme, dans l'espoir qu'elle y serait revenue, mais la ferme était déserte, le jardin envahi par les ronces, les champs en friche. Courageusement, Paul remit tout en l'état et devint fermier. Au début, il trouva un certain réconfort à vivre où Sophie avait vécu, mais le temps passant, il souffrit de plus en plus de la solitude. Un jour, il décida que son existence n'était plus supportable...

« Je ne retrouverai jamais Sophie, il est temps que je l'accepte. »

Il partit au village le plus proche pour se trouver une femme. Ce n'était pas aussi simple qu'il l'avait cru. Toutes les jeunes filles à marier voulaient être choisies, tandis que Paul voulait épouser n'importe laquelle. Pour en convaincre une de l'accepter pour mari, il aurait fallu qu'il lui joue la comédie de l'amour, et l'hypocrisie n'était pas son fort… Paul reprit le chemin de la ferme, découragé. Sur la route, il tomba sur une petite vieille ratatinée qui marchait dans la même direction que lui en traînant un cabas trop lourd pour elle. Il le lui prit obligeamment des mains et ils commencèrent à causer.

– Je cherche à me marier.

– Tiens donc ! Je connais une reine qui cherche à se marier elle aussi.

– Dommage que je ne sois pas roi...

– Elle ne cherche pas un roi.

– Dommage que je ne sois pas prince...

– Elle ne cherche pas un prince.

– Quel genre de mari cherche-t-elle donc ?, demanda Paul dont la curiosité était piquée.

– Elle cherche un homme qui tire très bien au fusil, qui soit capable de sauver une femme en danger, et de survivre seul, sans armes, dans une forêt.

Paul réfléchit un moment et réalisa qu'il avait précisément le profil de l'emploi. Non seulement il était capable de faire toutes ces choses, mais il les avait déjà faites ! La petite vieille, qui semblait lire dans ses pensées, lui dit :

— Oui, tu as toutes tes chances ! Mais tu ne peux pas te présenter les mains vides devant elle. Il faut lui faire un cadeau. Tous ses prétendants lui en font un.

— Quel genre de cadeau ? Elle doit avoir déjà tout ce qu'elle désire...

— Je sais ce qui lui ferait plaisir : un beau manteau de fourrure. Tue un ours, fais-en un manteau, et porte-le-lui.

— Je vais le faire. Où vit-elle, cette reine ?

— Sur une île qui ne figure pas sur les cartes. Pour y aller, rejoins le fleuve, monte dans n'importe quelle barque, et laisse-toi porter.

Paul fit tout ce que la petite vieille lui avait dit de faire et arriva jusqu'à l'île de Sophie. Il se présenta à la cour revêtu du manteau d'ours, et s'inclina respectueusement devant la reine.

Paul et Sophie avaient tous les deux beaucoup changé. Ils se regardèrent sans se reconnaître, et eurent le coup de foudre l'un pour l'autre sans savoir qu'ils s'aimaient déjà. Paul réussit à masquer son trouble, mais Sophie pâlit et rougit à tel point que les courtisans le remarquèrent. Un genou à terre, Paul enleva sa peau d'ours et l'offrit à Sophie ; sous le manteau de fourrure noire, il était habillé en blanc. Sophie prit la fourrure, la caressa, et se mit à pleurer sans savoir pourquoi. Toute la cour se mit à murmurer.

– Étranger, dit-elle d'une voix tremblante, je vous remercie pour ce manteau de fourrure, il est magnifique. Vous êtes le bienvenu dans mon royaume. Puis-je vous être utile en quelque chose ?

– Votre Majesté, répondit Paul embarrassé, je ne sais pas si je peux oser…

– Osez, osez, dit la Reine les joues en feu et le coeur battant.

– Acceptez-vous de m'épouser ? Je ferai tout ce qui est en mon pouvoir pour vous rendre heureuse...

Ils se marièrent en effet, vécurent longtemps heureux et eurent beaucoup de petits princes et de petites princesses.

3. La Poulette
et le Benêt

Il était une fois une petite poule de toute beauté. Ses plumes étaient d'une blancheur de neige, son bec était rose et nacré, et sa crête argentée étincelait comme une décoration de Noël. Cette poule appartenait à l'espèce très rare et très prisée des poules aux œufs d'or : elle pondait des lingots ovoïdes rutilants de 24 carats.

Curieusement, le propriétaire de cette poule n'était pas riche.

Quand il était petit, on l'avait surnommé *le benêt* parce qu'il ne brillait pas à l'école et depuis, ce surnom lui était resté. Naturellement, ce sobriquet ne lui faisait pas particulièrement plaisir, mais il avait fini par s'y habituer.

Chaque matin, le benêt trouvait dans la paille de son poulailler un œuf en or, et chaque semaine, il allait au marché pour échanger ses œufs contre des produits de première nécessité : des fruits, des légumes, du sel, du bois de chauffage. Bien sûr, le benêt aurait pu tirer de ses oeufs un bénéfice bien plus considérable, mais d'une part il ne se croyait pas digne d'une vie meilleure, et d'autre part il n'était pas absolument sûr que les œufs étaient en or. Comme son père, son grand-père et son arrière-grand-père avant lui, le Benêt n'avait jamais eu la moindre ambition. Dans son arbre généalogique, il n'y avait que de braves hommes pas très fût-fût, et le Benêt suivait inconsciemment la voie de nullité tracée par ses ancêtres.

À cause de son sobriquet peu attrayant, le Benêt n'avait jamais pu se marier ; il vivait seul dans une petite maison avec la poulette et lorsque sa mélancolie devenait trop lourde à porter, il faisait un tour au bar du village. Là, au moins, il y avait de l'animation, même si personne ne lui parlait, toujours à cause son surnom.

Un jour pourtant, quelqu'un l'aborda amicalement. C'était un marchand de légumes que le Benêt avait payé plusieurs fois en œufs d'or. Le Benêt nota que le regard froid du marchand contredisait son sourire chaleureux, mais n'en engagea pas moins la conversation : enfin quelqu'un à qui parler !… De fil en aiguille, le marchand et le Benêt devinrent amis, ou du moins, c'est ce que crut le Benêt. Le dimanche soir, ils se retrouvaient au bar autour d'un verre. Ils parlaient de tout et de rien, à bâtons rompus, sans objectif particulier, ou du moins, c'est ce que croyait le Benêt.

Un beau jour, le Benêt se réveilla avant l'aube, à cinq heures, parce que la poulette grattait au bas de la porte de sa chambre en gloussant avec insistance ; elle réclamait son grain, qu'il avait oublié de lui donner la veille. Cette contrariété, dont il tint sa poule pour responsable, fut la goutte d'eau qui fit déborder le vase, mais le vase lui-même n'avait pas été rempli par la poulette ; c'était le marchand qui l'avait patiemment rempli à force d'insinuations subtiles et de questions perfides.

Le Benêt, furieux, sortit de sa chambre :

– Stupide volaille, fous-moi la paix ! Laisse-moi dormir !

– Cot cot cot cot cooot ?...

– Tu me fatigues ! Tu ne sais que caqueter, manger, faire caca ! Et puis tes œufs ne valent rien, c'est juste du laiton doré !

La poulette baissa la tête et une larme glissa le long de son bec rose. Le Benêt sentit un pincement au coeur, mais n'en tint pas compte et repartit se coucher.

Quelques heures plus tard, quand le Benêt se leva enfin, sa poule avait disparu. Il la chercha dans la maison, il la chercha le jardin, il la chercha à la cave et au grenier, il la chercha au fond du puits et au sommet du toit, il la chercha partout, en vain. Pour finir, il se rendit au bar pour partager ses angoisses avec son ami.

Le marchand prit très mal la disparition de la poule, et sous le coup de l'émotion quelques paroles révélatrices lui échappèrent. Le Benêt comprit alors qu'en se faisant passer pour son ami, le marchand n'avait jamais eu qu'un seul but : le convaincre de lui céder sa précieuse poulette à un prix dérisoire.

Ainsi le Benêt se retrouvait au fond du trou et qui plus est, par sa propre faute : il n'avait plus de moyen de subsistance, il n'avait plus d'animal de compagnie, et il n'avait jamais eu d'ami...

Pour survivre, il se fit bûcheron.

Le Benêt n'ayant jamais fait le moindre effort physique au cours de sa vie, la transition fut difficile, mais au bout de quelques mois il avait acquis une musculature impressionnante et coupait des chênes centenaires avec entrain. Les habitants du village commencèrent à l'appeler *le bûcheron*, et pour la première fois de sa vie il commença à respirer à l'aise. Sans l'absence de la poulette, qui avait laissé comme un vide dans sa vie, il aurait été heureux.

La poulette, de son côté, était partie dans la forêt le coeur brisé, sans savoir où elle allait. Elle avait décelé chez le Benêt des qualités dont personne, même pas lui, ne soupçonnait l'existence, mais après la méchanceté gratuite dont il avait fait preuve à son égard, elle ne voulait plus qu'une chose : l'oublier.

Le soleil se coucha alors que la poulette marchait toujours dans la forêt, en proie à des pensées conflictuelles qui l'empêchaient d'en trouver la sortie. Dans les ténèbres de la nuit, une pluie diluvienne se mit à tomber, la réduisant à l'état misérable de poule mouillée. La poulette se mit à chercher un abri à la lumière des éclairs qui par intermittence éclairaient la forêt.

Elle aperçut l'entrée d'un souterrain.

Poussée à la fois par le désir de se mettre à l'abri de l'orage et par la curiosité, elle y entra, descendit un escalier, traversa un long couloir et arriva dans une pièce éclairée par quelques bougies.

Là un homme, debout devant un très grand chaudron, prononçait des paroles incompréhensibles d'un air inspiré. Dans un coin de la pièce, trois enfants nus et terrifiés étaient enfermés dans une cage.

Face à ce spectacle, la poulette fut d'abord paralysée par l'horreur et un sentiment d'impuissance, mais comme le sorcier n'avait pas remarqué sa présence, et qu'il continuait à marmotter ses incantations comme dans une transe, elle se glissa discrètement jusqu'à la cage et, à l'aide d'un fil de fer qui traînait par terre, crocheta la serrure avec son bec.

Les enfants sortirent de la cage en silence, sauf le dernier qui trébucha. Le sorcier sortit de sa transe et courut pour rattraper les enfants en fuite, mais la poulette se jeta dans ses jambes pour le ralentir. Furieux, il la saisit à deux mains pour lui tordre le cou, quand soudain son visage s'éclaira.

« Plumes blanches, bec rose, crête argentée… Mais tu es… mais tu es… mais tu es une poule aux œufs d'or ! »

La poulette respira : les enfants étaient sauvés et elle ne finirait pas dans le chaudron !

Le sorcier, qui adorait l'or, aménagea aussitôt la cage en poulailler et y enferma la poulette. Les jours suivants il s'en occupa avec amour, mais entre le dégoût que lui inspirait son nouveau propriétaire et le manque de vitamine D, la poulette était totalement bloquée : elle était incapable de pondre ne serait-ce qu'un œuf en plaqué or…

Dans l'espoir qu'elle se décide enfin à le rendre riche, le sorcier la garda prisonnière pendant des mois. Le temps passant sans que la poule se décide à pondre, il arriva à la conclusion qu'elle était stérile. Écoeuré, il partit la vendre au marché.

Justement, ce jour-là, le Benêt, ou plutôt le Bûcheron, était là. Il avait fait des économies pendant des mois pour acheter une tronçonneuse, et passer ainsi au niveau supérieur dans sa vie professionnelle. Il reconnut la poule tout de suite, quoiqu'elle ait perdu la moitié de ses plumes. Le sorcier la lui fit payer au prix fort et le Bûcheron rentra chez lui sans tronçonneuse et sans argent, mais avec sa poulette. Il était tout content.

Après des mois de captivité dans les ténèbres avec pour seule compagnie un sorcier psychopathe, la poulette retrouva Ivan, car c'était le prénom du bûcheron, avec un soulagement sans borne et un bonheur immense.

Ils reprirent leur petite vie tranquille, et la poule se remit à pondre des œufs d'or.

Ivan, qui ne se considérait plus comme un benêt, les vendait à leur juste prix et devenait de plus en plus riche. Il n'en continuait pas moins son métier de bûcheron, qui lui plaisait. Il prenait le plus grand soin de sa poulette, pour laquelle il éprouvait beaucoup de gratitude et un petit quelque chose d'autre.

Un soir, alors qu'il contemplait le feu dans la cheminée et que la poulette assise sur ses genoux ronronnait sous ses caresses comme un chat, il soupira :

« Si seulement tu étais une femme... »

Cette nuit-là, la poulette fit un rêve.

Dans ce rêve, elle n'était pas une poule, mais une jolie jeune fille prénommée Éva, la propre fille du sorcier du souterrain. Un autre sorcier, ami de son père, lui demandait de l'épouser, elle refusait, et pour se venger, le sorcier la métamorphosait en petite poule et effaçait sa mémoire, lui faisant perdre le souvenir de son passé humain. Ensuite, il allait la vendre au marché, où Ivan l'achetait sans se douter de rien. Le rêve était tellement précis et réaliste, qu'en se réveillant la Poulette voyait encore le regard malveillant, et la verrue sur le nez, du sorcier éconduit lorsqu'il lui avait dit :

« Tu le regretteras... »

Perturbée par ce songe étrange, la poulette passa la journée à scruter son reflet dans la mare, le miroir de l'armoire, et toutes les autres surfaces réfléchissantes qu'elle put trouver. Mais c'était toujours la même forme, le même bec, la même crête. Ivan remarqua son manège et lui lança :

« Mais oui tu es belle, arrête de vérifier ! »

Ce soir-là, on frappa à la porte. Yvan ouvrit la porte sans méfiance, et deux hommes se précipitèrent sur lui. Ils le ligotèrent sur une chaise avec une corde et commencèrent à le brutaliser :

– Où est la poule ? Parle !

– Mais… Je vous connais ! C'est à vous que j'ai acheté ma poule la première fois, et c'est à vous que j'ai acheté ma poule la seconde fois !

– Tais-toi ! Dis-nous où est la poule !

— Il faut savoir : je dois me taire, ou je dois vous dire où elle est ?

La poulette, qui s'était cachée derrière un rideau, reconnut elle aussi les deux hommes. L'un était le sorcier du souterrain, autrement dit son père, et l'autre était le sorcier à la verrue, autrement dit l'ami de son père, le prétendant qu'elle avait éconduit.

Le sorcier à la verrue voulait la récupérer pour lui redonner sa forme humaine et l'épouser de gré ou de force, car il n'avait pas réussi à surmonter sa passion pour elle ; quant à son père, c'était l'appât du gain qui le motivait : il avait eu vent de la soudaine richesse d'Ivan et avait compris que la poule avait retrouvé sa fécondité. Il ne savait pas que c'était sa fille, qu'il croyait morte ou enfuie.

Vexés par la réponse sarcastique d'Ivan, les deux sorciers lui donnèrent d'énormes baffes, et comme il n'en refusait pas moins de leur dire où était la poulette, ils le déchaussèrent pour lui brûler les pieds dans la cheminée.

Pour sauver Ivan de la torture, la poulette sortit de sa cachette.

C'est alors qu'un conflit éclata entre les deux sorciers, et les passions respectives qui les dominaient : un appât démesuré du gain chez l'un, et une passion égoïste et violente chez l'autre. Ils se disputèrent si fort la poulette, l'un la tirant par les ailes et l'autre par les pattes, que le sortilège qui la gardait prisonnière céda et qu'Éva retrouva tout d'un coup sa forme originelle, dans un grand « boum ! » et un nuage de plumes blanches.

À la vue de cette apparition en tout point conforme à ses rêves les plus secrets, Ivan ne fut pas le moins ébahi des trois.

Éva profita de la stupéfaction générale pour courir chercher une hache dans l'arrière-cour et revint couper les deux sorciers en deux, verticalement, avant qu'ils aient eu le temps de retrouver leur esprit. Puis elle s'écria « J'ai tué mon père ! » et tomba évanouie.

Elle se réveilla dans la chambre d'Ivan. Celui-ci avait réussi à se libérer de la corde et l'avait déposé délicatement sur son lit, puisqu'il n'en avait qu'un.

Pendant qu'à la cuisine Ivan lui préparait un chocolat chaud, Éva se leva et, debout devant le miroir de l'armoire, contempla ses mains et tout son corps avec émerveillement. Il y a tant de choses qu'une poule ne peut pas faire et qu'une femme peut faire ! Il y a tant de choses qu'une poule ne peut pas vivre et qu'une femme peut vivre !

Ivan soigna tendrement Éva, qui se laissa faire avec délice. Sa convalescence fut rapide. Dès qu'elle se sentait envahie par l'angoisse à l'idée qu'elle avait tué son père, elle repensait au chaudron et aux trois enfants, et retrouvait sa sérénité.

Quand Éva fut complètement rétablie, Ivan lui avoua qu'il l'aimait depuis toujours sans le savoir, et elle lui avoua en retour qu'elle avait eu le coup de foudre pour lui au premier regard, ce jour fatidique où il l'avait achetée au sorcier à la verrue, sans se douter le moins du monde que cet acte tout simple allait changer radicalement le cours de sa vie.

Éva et Ivan se marièrent, vécurent longtemps heureux et eurent beaucoup d'enfants aux cheveux d'or. Dans le jardin, là où Ivan avait enterré les deux sorciers, un bel oranger poussa, et l'été venu les enfants jouèrent à chat perché sous son feuillage parfumé.

4. La Belle aux Loups

Il était une fois un vieux seigneur qui avait sept filles. Elles étaient toutes belles, mais la cadette, qui s'appelait Annabelle, surpassait ses soeurs en tout : beauté, sagesse et gentillesse.

Son père l'aimait plus que les autres, et chaque fois qu'un jeune chevalier passait au château du vieux seigneur, il n'avait d'yeux et d'oreilles que pour elle. Les six soeurs d'Annabelle étaient si furieuses d'être éclipsées par leur cadette qu'elles en étaient arrivées à la haïr de tout leur coeur. Cependant elles dissimulaient leur haine pour ne pas s'aliéner leur père.

Le vieux seigneur tomba malade. Sentant sa fin prochaine, il fit promettre à ses sept filles de toujours s'aimer et se soutenir les unes les autres. Toutes promirent en sanglotant.

Le vieux seigneur mourut et sitôt l'enterrement terminé, les six soeurs se réunirent dans une salle souterraine du château où elles avaient l'habitude de se retrouver sans leur cadette.

– Maintenant que papa est mort, débarrassons-nous d'Annamoche !

– Oui, car tant que nous l'aurons dans les pattes et nous ne trouverons jamais à nous marier...

– Et si nous la jetions dans les douves du château ?

– Elle sait nager. Il vaudrait mieux la pousser dans un ravin.

– Abandonnons-la dans la forêt ; les loups la mangeront.

– Excellente idée !

Les six sœurs continuèrent à faire bonne figure à Annabelle, qui ne se doutait de rien. Un beau jour, elles lui dirent avec un visage riant :

– Annabelle, prépare-toi ! Aujourd'hui nous partons en forêt pour faire un repas en plein air ! On jouera aussi à la raquette et à d'autres jeux !

Annabelle, qui aimait beaucoup ses sœurs qu'elle ne voyait pas assez souvent à son goût, fut toute contente. Elle mit une robe de velours vert et partit à cheval avec ses sœurs dans la grande forêt.

– On pourrait s'arrêter ici, dit Annabelle quand elles arrivèrent dans une jolie clairière.

– Non, non, répondirent ses sœurs, il y a une clairière bien plus jolie un peu plus loin, tu vas voir.

À chaque nouvelle clairière, Annabelle voulait s'arrêter, et ses sœurs trouvaient une bonne raison de poursuivre la route. Quand elles furent arrivées au plus profond de la forêt, les sœurs descendirent de chevaux et bandèrent les yeux d'Annabelle en riant.

– On va faire une partie de collin-maillard, ce sera très amusant ! Compte jusqu'à 100 en tournant sur toi-même, puis cherche à nous attraper !

Annabelle se mit à compter et les sœurs partirent silencieusement avec les chevaux. Lorsque Annabelle comprit enfin que ses sœurs l'avaient abandonnée, elles étaient déjà loin, et le soleil se couchait. Soudain, un gros loup aux yeux jaunes surgit d'un fourré. Annabelle et le loup se regardèrent, aussi immobiles l'un que l'autre.

Le loup s'approcha en boîtant d'Annabelle et flaira le bas de sa robe, puis il s'assit devant elle et lui tendit sa grosse patte. Annabelle lui ôta l'épine qui était plantée dans sa patte, et le loup reconnaissant lui lécha la main en signe d'amitié et d'allégeance.

Annabelle réfléchit. Si elle rentrait au château, ses sœurs l'accueilleraient sans doute avec de grands sourires, puis chercheraient à nouveau à se débarrasser d'elle. Et un jour ou l'autre, elles finiraient par y arriver… Elle n'avait pas d'avenir au château de son père, et d'ailleurs elle était dégoûtée de l'humanité : la trahison de ses six sœurs la rendait misanthrope. Elle résolut donc de chercher un abri dans la forêt en attendant mieux. Elle se mit en marche, et le loup la suivit en trottinant.

« Avec un garde du corps pareil, je ne risque rien », se dit Annabelle.

La pluie se mit à tomber et le tonnerre à tonner. À la lumière d'un éclair, Annabelle et le loup, trempés tous les deux comme des soupes, virent une petite cabane abandonnée. Ils s'y réfugièrent pour la nuit. Le lendemain matin, le loup avait disparu. Annabelle partit chercher de quoi se nourrir. Elle trouva des mûres, des champignons, et un petit ruisseau d'eau pure. Lorsqu'elle revint à la cabane, le loup était de retour, mais cette fois-ci il n'était pas seul : il avait amené avec lui sa louve et leurs cinq louveteaux. La louve était un peu méfiante, mais Annabelle l'amadoua avec de douces paroles et des gratouilles derrière les oreilles. Le jour suivant, les loups revinrent encore, et cette fois-ci Annabelle put caresser les louveteaux, tous très mignons.

Avec le temps, Annabelle et la famille de loup trouvèrent moyen de se rendre mutuellement service. Le loup et la louve laissaient les petits à la garde d'Annabelle pendant la journée, et le soir ils lui ramenaient du gibier, qu'elle mangeait cuit à la braise.

Par chance, Annabelle avait emporté un petit couteau avec elle lorsqu'elle était partie dans la forêt avec ses soeurs. Prévoyante, elle se dit les loups ne seraient peut-être pas toujours là, et se tailla donc un arc et des flèches dont elle apprit toute seule à se servir. Bientôt, elle fut capable de tuer elle-même des lapins, qu'elle partageait avec les loups et les louveteaux, qui devenaient plus grands et plus forts tous les jours.

De leur côté, les six sœurs étaient rentrées en sanglotant au château, où elles avaient raconté qu'Annabelle avait été emportée et dévorée par un loup. Après deux mois de robes noires et de larmes hypocrites, elles se réunirent à nouveau dans la salle souterraine.

— Maintenant qu'Annamoche ne nous fait plus d'ombre, il est temps de nous trouver des maris, qu'en pensez-vous ?

— Absolument ! Mais il ne vient pas grand monde au château…

— Et si nous organisions un grand bal masqué ? En nous y prenons à l'avance, nous pourrons y inviter tous les célibataires de la région.

— Excellente idée !

— Je suis d'accord.

– Moi aussi.

Un seigneur du nom de Thibaud reçut une invitation pour le bal masqué, et comme il avait entendu dire que les six sœurs étaient belles, douces et bien élevées, il se rendit à leur château dans l'espoir d'en trouver une à sa convenance.

Thibaud était un homme tyrannique, dur et méfiant qui ne s'était jamais marié. Il se passait plutôt bien d'amour, mais à l'âge de 40 ans, il se disait qu'il était temps d'avoir des enfants, ne serait-ce que pour perpétuer son nom.

Pour mieux observer les six soeurs, il arriva plusieurs jours à l'avance. Elles l'accueillirent gracieusement, et ce soir-là il coucha au château en se disant qu'il allait y trouver son compte. Il était en train de comparer mentalement les six en cherchant à déterminer laquelle lui ferait les plus beaux enfants lorsque, soudain, un cri lugubre retentit sous sa fenêtre.

Sous la lune, dans la cour du château, un loup hurlait comme s'il était en pleine forêt. Cela dura vingt minutes, puis le loup partit en trottinant.

Le lendemain matin, Thibaud interrogea les domestiques. Ils n'avaient rien entendu, mais puisqu'il était question de loup ils lui racontèrent la disparition d'Annabelle, partie six mois plus tôt avec ses sœurs dans la forêt, et jamais revenue : un loup l'avait dévorée…

Thibaut fut étonné que, si peu de temps après la mort affreuse de leur petite sœur, les six soeurs organisent un grand bal, et il ne les trouva plus aussi belles.

Le soir, rebelote : le loup revint hurler dans la cour du château. Thibaut se posait de plus en plus de questions. Était-ce le loup qui avait dévoré Annabelle ? L'animal était-il fou ? Son comportement semblait avoir un sens caché. Il y avait là une énigme à résoudre.

Ce lendemain, pour la troisième fois, le loup vint hurler sous la fenêtre de Thibaut, qui s'habilla et le suivit à distance. Le loup le conduisit jusqu'au coeur le plus obscur et sauvage de la forêt, et là, caché derrière un arbre, Thibaut vit apparaître une jeune fille belle et fraîche comme un rayon de soleil.

Elle sortait d'une pauvre cabane et portait une robe en haillons verts. Le loup vint à sa rencontre en frétillant de la queue comme un chien, elle s'accroupit et le gratta derrière les oreilles en lui parlant avec tendresse. Puis toute une meute de loups se rassembla autour d'elle et lui fit fête, comme si elle était leur reine.

Thibaut, qui observait la scène en cachette, se sentit étrangement ému. Il regrettait presque de ne pas être un loup pour avoir droit lui aussi à tant d'amour et de caresses.

Sans se faire voir, Thibaut rentra pensif au château, où il demanda aux domestiques de lui décrire Annabelle.

C'était bien elle qu'il avait vue dans la forêt. La nuit, il ne put fermer l'oeil. Le lendemain, il revint encore dans la forêt pour l'espionner. Il en était de plus en plus amoureux, mais minimisait la chose en se disant que c'était juste femme qui lui plaisait… rien de plus. Comme la première fois, il ne se montra pas.

De retour au château, Thibaut rentra dans sa chambre pour y méditer. Annabelle était précisément la femme qui lui fallait. Après tout, il était venu au château pour épouser celle qui, parmi les sœurs, lui plairait le plus, et indiscutablement c'était elle !

Restait à la convaincre, et il pressentait que ça ne serait pas facile.

Thibaut, pessimiste ou lucide, se disait qu'il n'était ni particulièrement jeune, ni particulièrement beau, ni particulièrement aimable. Il était riche, certes, et c'était bien suffisant pour plaire à une femme quelconque, mais une femme qui préfère une forêt à un château et la compagnie des loups à celle des hommes n'a rien de quelconque.

C'est alors qu'un plan immoral germa dans son cerveau. Et si, au lieu de prendre la route longue et incertaine de la galanterie, il la kidnappait, tout simplement ? Séquestrée, elle finirait bien par accepter le de l'épouser. L'idée lui parut brillante : Annabelle ne manquerait à personne, puisqu'elle était censée être déjà morte. D'ailleurs, en choisissant la compagnie des loups, elle s'était elle-même rayée de la société…

Le lendemain, dans l'après-midi, Thibaut profita de l'effervescence des préparatifs du bal pour partir discrètement à cheval dans la forêt. Son coeur battait la chamade. Lui qui avait toujours aimé la chasse, il était sur la piste du plus beau gibier du monde, et il se sentait prêt à tuer toute une meute de loups pour obtenir sa proie.

Il arriva à la cabane, mais Annabelle n'était pas là, et les loups non plus. Il attacha son cheval à quelque distance, se cacha dans la cabane et attendit qu'elle revienne. Comme il n'avait pas fermé l'oeil depuis deux jours et qu'un silence paisible régnait sur la forêt, malgré tous ses efforts pour rester vigilant il se mit à somnoler, et, pour finir, s'endormit d'un sommeil profond.

Annabelle, qui était partie chasser loin avec les loups, revint le soir tombé à la cabane, découvrit Thibaut toujours endormi et le prit pour un voyageur égaré qui avait trouvé refuge dans la cabane. Les loups grognèrent un peu en découvrant cet inconnu, mais elle leur intima l'ordre de se tenir tranquille, et ils lui obéirent comme d'habitude ; au fil du temps, elle avait pris du galon, passant du grade de nounou à celui du chef de meute.

Face à cet homme endormi, et ayant avec elle son couteau, son arc, ses flèches et deux de ses loups, Annabelle ne ressentit pas la moindre crainte ; elle se savait en sécurité. Et comme il dormait, elle en profita pour l'observer longuement. Cela faisait six mois qu'elle n'avait pas vu un visage humain et celui de Thibaut, très viril, lui plaisait ; même la petite cicatrice qui marquait sa joue avait du charme. Toute disposée à faire un excellent accueil à cet attirant inconnu, Annabelle commença à préparer un lapin pour le dîner sans faire de bruit.

Thibaut fut réveillé par l'odeur alléchante de la viande rôtie, et se sentit transporté dans un rêve délicieux lorsqu'il vit le visage Annabelle se tourner vers lui, tout sourire.

— Vous avez dormi comme un loir ! Le lapin est prêt.

Et elle lui en tendit une cuisse.

Se faire nourrir par la jeune fille ne faisait pas partie des plans de Thibaut, mais il n'osa pas refuser. D'ailleurs il avait faim. Il commença à manger, tout en rougissant de gêne à l'idée qu'il avait voulue, et qu'il voulait encore, violenter une personne aussi gentille.

Ils partagèrent un repas amical, comme s'ils se connaissaient depuis longtemps, sans que Thibaut se décide à rien. Il n'était plus d'humeur à enlever Annabelle, et se sentait trop fruste et trop lourdaud pour la courtiser en galant homme.

Annabelle, qui ressentait un besoin tout naturel de parler après tous ces mois de solitude, raconta à Thibaut la trahison de ses sœurs, et Thibaut devina sans peine le motif de leur haine :

– Elles sont jalouses parce que vous êtes beaucoup plus belle qu'elles.

Annabelle rougit, ce qui la rendit encore plus belle, et Thibaut, qui manquait de tact mais pas de courage, en profita pour se jeter à l'eau :

– Épousez-moi, dit-il de but en blanc. Vous ne pouvez pas rester dans cette forêt, ce n'est pas une vie. Je suis riche, et vos sœurs ne pourront plus rien contre vous quand vous serez ma femme.

Annabelle souleva plusieurs objections que Thibaut démonta une à une avec beaucoup de logique. Devant sa détermination, elle proposa un compromis :

– Vous m'avez dit que mes sœurs organisent un bal, aidez-moi à y assister incognito. Je vous donnerai ma réponse après.

Cette idée ne plut pas du tout à Thibaut. Et si Annabelle rencontrait un jeune et beau seigneur au bal ? Et si elle en tombait amoureuse ? Cependant, après quelques minutes de réflexion il se dit que, ayant renoncé à obtenir ce qu'il voulait par la force, il ne lui restait plus d'autre choix que de jouer à fond la carte de la complaisance et de la générosité, même si c'était contre ses habitudes et peut-être même contre ses intérêts. Il accepta donc en serrant les dents.

Annabelle fit avec émotion ses adieux aux loups, qui gémirent plaintivement de son départ, puis monta en croupe derrière Thibaut. Thibaut fit avancer son cheval le plus lentement possible, pour avoir le temps de savourer à loisir les bras d'Annabelle autour de sa taille. Thibaut amena ainsi Annabelle à l'une de ses demeures secondaires, où il la laissa aux mains d'une couturière compétente. Ils devaient se retrouver le lendemain au bal masqué.

Annabelle arriva au bal dans un carrosse qui n'avait jamais été une citrouille. Elle portait une belle robe rouge et un loup noir. Sous son masque, ses sœurs la reconnurent d'autant moins qu'elle avait grandi, minci et musclé. Elle chercha Thibaut des yeux et le vit près d'une fenêtre, les bras croisés, l'air morose. Thibaut était en train d'évaluer le nombre de jeunes hommes que comptait le bal : il y en avait beaucoup trop !

Annabelle était sur le point de rejoindre Thibaut, mais fut arrêtée par une hésitation. Le rejoindre, c'était probablement, vu son entêtement, accepter de l'épouser, et le voulait-elle ? Serait-elle capable de le rendre heureux ? Serait-il capable de la rendre heureuse ? En aurait-il seulement la volonté ? Perspicace, elle avait déjà compris qu'il avait un sale caractère. À ce bal elle pourrait sans doute trouver un homme plus doux...

Alors qu'Annabelle délibérait ainsi en observant Thibaut à distance, une femme déguisée en biche blanche s'approcha de lui et commença à lui parler de près en papillonnant des cils. Il s'agissait de la plus grande des sœurs d'Annabelle, qui était aussi la plus méchante ; elle avait jeté son dévolu sur Thibaut parce qu'il était riche, mais aussi parce qu'elle le trouvait séduisant dans le genre rugueux : un vrai mâle alpha. Annabelle, qui toute sa vie avait gardé son calme et la tête froide, sentit le sang lui monter à la tête. De quel droit sa sœur osait-elle s'approcher de Thibaut ? De quel droit osait-elle lui faire des sourires enjôleurs ? Elle avait déjà essayé de la tuer, cela n'était pas suffisant ?

Annabelle marcha droit sur Thibaut, posa une main possessive sur son bras et lui dit d'une voix claire et sonore :

« Thibaut, j'accepte. »

Puis, se tournant vers sœur, elle enleva son masque et lui dit avec ironie :

« Ma grande sœur chérie, réjouis-toi de mon bonheur : j'épouse l'homme que j'aime ! »

En voyant ainsi le spectre de sa sœur morte se dresser devant elle, la fausse biche, superstitieuse, poussa un grand cri et tomba évanouie. Le bal fut interrompu et elle fut portée dans sa chambre où elle délira toute la nuit, en proie des hallucinations. Quant aux cinq autres sœurs, elles reconnurent Annabelle et se replièrent, en complet désarroi, dans la pièce souterraine où elles avaient l'habitude de comploter.

– Annabelle, vivante ! Annabelle, fiancée !

– Et fiancée avant nous, alors que c'est notre cadette...

– Je vous avais bien dit qu'il fallait la jeter dans un ravin !

– Non, la meilleure solution c'était de la jeter dans les douves, avec un boulet au pied ! Mais vous ne m'avez pas écoutée !

– Tu n'avais pas parlé du boulet !

– Il n'est peut-être pas trop tard. Nous sommes cinq, et elle est seule...

Les cinq sœurs élaborèrent tout un plan pour se débarrasser définitivement de leur cadette, mais quand elles voulurent le mettre en exécution, elles découvrirent qu'Annabelle et Thibaut étaient partis.

Annabelle et Thibaut se marièrent, et Thibaut ne se gêna pas pour parler à tout le monde de la manière dont les six sœurs avaient comploté la mort de leur cadette.

Du coup, plus personne ne fut tenté de les épouser, ni même de leur parler. De dépit, les sœurs ostracisées partirent au couvent, où elles restèrent enfermées jusqu'à leur mort.

Thibaut ne changea pas du jour au lendemain, mais après avoir apprivoisé et dominé toute une meute de loups, Annabelle était de taille à lui tenir tête et même à refaire dans une certaine mesure son éducation. Sous l'effet de l'amour passionné qu'il éprouvait pour Annabelle et de la forte personnalité de celle-ci, il gagna en humanité. Annabelle et Thibaut eurent trois beaux enfants et contre toute attente, Thibaut se révéla un excellent papa.

5. Axel et Alexia

Il était une fois un pauvre jeune homme qui était amoureux de la fille d'un roi. Il pensait à elle tout le temps : le matin en se réveillant, pendant la journée et le soir avant de s'endormir. La nuit, pour changer, il rêvait d'elle.

Depuis deux ans qu'il aimait la princesse, il vivait dans une mélancolie passive que ses parents considéraient à tort ou à raison comme de la paresse. Un jour, son père en eut ras le bol et le prit entre quatre yeux pour lui dire ses quatre vérités :

« Cette fille est trop noble, trop riche et trop belle pour toi. De plus, elle ne sait même pas que tu existes. Elle ne sera jamais à toi, et il serait bien temps que tu l'acceptes. Arrête de rêver ! Sois réaliste ! Tourne la page ! Prends-toi en main ! Trouve-toi un boulot ! Ta mère et moi, nous travaillons dur pour te nourrir, alors que nous sommes vieux et que tu es jeune ! »

Le jeune homme baissa la tête. Il sentait bien qu'il aimerait la princesse jusqu'à sa mort, et il sentait bien aussi qu'il était incapable de travailler comme tout le monde ; elle l'obsédait beaucoup trop.

Il décida de se tuer.

Ainsi, il ferait d'une pierre deux coups : il allait délivrer ses parents de leur fardeau financier et se délivrer lui-même d'une vie trop pesante pour ses frêles épaules. Mais comme il était un bon fils, il ne voulut pas leur infliger la découverte affreuse et traumatisante de son cadavre. Il partit donc le plus loin possible, à pieds, pour trouver un endroit solitaire où se suicider en toute discrétion ; ainsi personne ne retrouverait jamais son corps.

Il marcha ainsi des jours droit devant lui, traversant des villes, des villages, des rivières, des forêts. Aucun de ces lieux ne lui paraissant suffisamment isolé, il poursuivit sa route, traversant encore des villes, des villages, des rivières, des forêts. En chemin, la plante des pieds et ses mollets s'endurcirent. Enfin, il arriva à un lieu qui lui parut propice à son projet : c'était un château en ruines nappé de brumes au bord d'un lac au clapotis mystérieux. Cet endroit respirait la solitude et l'abandon.

« C'est l'endroit parfait pour mettre fin à mes jours », se dit-il.

Le jeune homme chercha un arbre, en trouva un noir, sec et noueux qui était à sa convenance, y accrocha la corde qu'il avait emportée à cet effet, y fit un nœud coulant, déplaça laborieusement un gros rocher sous l'arbre pour lui servir d'escabeau, monta sur le rocher et se passa la corde au cou.

Il allait sauter du rocher et ainsi mettre un terme à ses jours lorsqu'il entendit :

– Ouh ! Ouh !

C'était un magnifique grand-duc qui voletait au-dessus de lui dans le crépuscule. Le grand hibou blanc se posa sans façon sur la tête du jeune homme et l'interrogea :

– Qui es-tu ? Que fais-tu ?

– Je suis un pauvre jeune homme, soupira le pauvre jeune homme, et je suis venu dans ce coin reculé pour m'y tuer.

Et il ajouta humblement :

– Si ça ne vous dérange pas trop, bien sûr, Monsieur le Hibou...

– Et bien, à vrai dire, si, ça me dérange un tantinet. Avant de te tuer, raconte-moi ton histoire et peut-être qu'ensemble, nous trouverons une solution moins radicale à tes problèmes.

– Mon histoire est courte : j'aime une princesse que je ne peux ni épouser ni oublier.

– Ça ne me paraît pas une raison suffisante pour te tuer, dit le Grand-Duc.

– Ah oui, j'oubliais : je suis un minable. Mes vieux parents se tuent au travail pour me nourrir, car je suis incapable de me débrouiller tout seul.

– C'est tout ?, demanda le Grand-Duc, la tête penchée sur le côté, l'air dubitatif.

– Oui c'est tout. Vous trouvez que ce n'est pas suffisant ?

– Au final, il me semble que tous tes problèmes pourraient être résolus par de l'argent, je me trompe ?

Pour mieux réfléchir à cette question pertinente, le jeune homme ôta sa tête du nœud coulant.

– Oui, il me semble aussi que oui. Si j'étais riche, je pourrais retrouver ma dignité, offrir une retraite dorée à mes vieux parents, m'habiller élégamment, acheter un beau pur-sang, et tenter enfin de conquérir ma princesse.

– Eh bien, bonne nouvelle !, dit le hibou. Je sais le moyen pour que tu deviennes riche. Dans les ruines de ce château, il y a un trésor. C'est une épée d'une valeur inestimable ; trouve-la et elle te rendra riche !

– Vous en êtes sûr ?

– Absolument sûr. Cette épée est de toute beauté. Quoiqu'elle soit en or, elle est dure comme du diamant, et sa poignée est incrustée de magnifiques émeraudes. Elle a gagné des centaines de batailles. Elle a même tué un cyclope. Pour finir, elle a été enterrée ici il y a trois siècles. J'étais là, j'ai tout vu. Eh oui, je ne fais pas mon âge…

Le jeune homme, qui avait complètement oublié ses projets de suicide, descendit du rocher et s'assit dessus, tandis que le grand-duc se posait sur un vieux tronc d'arbre qui était couché juste à côté. Ainsi installés, le jeune homme et le hibou poursuivirent leur conversation comme deux vieux amis :

– Si je trouve cette épée, à qui pourrais-je la vendre ?

– Je connais un collectionneur d'armes anciennes qui serait prêt à payer plus de trois cent mille pièces d'or pour cette épée.

– Trois cent mille pièces d'or, c'est magnifique ! Mais je n'ai pas de pelle pour creuser… Sais-tu où je pourrais m'en procurer une ?

– Il y a un village non loin où un boulanger cherche un apprenti. Travaille pour lui, et avec ton salaire tu pourras t'acheter une pelle à la quincaillerie. Et aussi une échelle, car je crois me rappeler que l'épée a été enterrée assez profondément.

– C'est un plan génial ! Merci, merci beaucoup Monsieur le Hibou !

Comme il était très tard et qu'il était épuisé par la route et les émotions, le jeune homme alla s'endormir dans un coin des ruines, tandis que le Grand-Duc veillait, les yeux grand ouverts, au-dessus de son sommeil.

Le lendemain, le jeune homme alla au village et proposa ses services au boulanger qui l'engagea pour trois mois. Le jeune homme aurait préféré un engagement plus court, mais c'était ça ou rien. Il travailla donc comme apprenti boulanger, portant de lourds sacs de farine, pétrissant la pâte et enfournant les pains, activités très physiques qui lui musclèrent les bras et aussi un peu le caractère. Le Grand-Duc lui dit :

« Maintenant que tu as de beaux biceps, tu vas pouvoir déterrer l'épée en trois coups de pelle ! »

Le jeune homme vit son travail d'apprenti boulanger sous un nouveau jour, et le lendemain matin il se mit à la tâche en sifflotant gaiement, tout sourire. Sensible à sa nouvelle attitude, son patron lui offrit une avance sur salaire. Le jeune homme put ainsi s'acheter une pelle avant la fin du premier mois, et se mit aussitôt à creuser à l'emplacement où, selon le Grand-Duc, l'épée était enterrée.

Il creusa avec enthousiasme, il creusa avec énergie, et ne trouva que des vers de terre. Arrivé à trois mètres de profondeur, il se tourna vers le Grand-Duc et lui dit :

— Tu es bien sûr que l'épée est enterrée ici ?

Le Grand-Duc pencha la tête sur le côté et cligna ses yeux ronds.

— Et bien, franchement, non, je ne suis pas absolument sûr, cela fait très longtemps, tu sais. Il me semble maintenant que l'épée a plutôt été enterrée là, au pied de ce mur.

— Et tu ne pouvais pas le dire plus tôt ?!

Le jeune homme se mit au pied du mur et se remit à creuser avec rage. Arrivé à trois mètres de profondeur, il se tourna vers le Grand-Duc et lui dit :

— Elle n'est pas là non plus.

— C'était peut-être entre ces deux grosses pierres...

Le jeune homme serra les dents et se remit à creuser. Ce scénario se répéta encore et encore. Pendant la journée, le jeune homme travaillait à la boulangerie ; la nuit, il creusait à la recherche de l'insaisissable épée. Ses muscles devenaient de plus en plus saillants et ses yeux de plus en plus cernés.

Les trois mois s'écoulèrent ; le boulanger donna son dû au jeune homme et lui souhaita bon vent et bonne chance. D'un pas lourd, le jeune homme retourna jusqu'au château en ruines. Comme d'habitude, le Grand-Duc l'attendait.

– Je crois bien que l'épée est enterrée sous ce buisson de ronces, en fin de compte…

Le jeune homme donna un premier coup de pelle à l'endroit indiqué, puis un deuxième, puis s'effondra en pleurant.

– Pourquoi pleures-tu ?, dit le Grand-Duc.

– Je pleure parce que tu t'es moqué de moi. Je pleure parce qu'il n'y a pas d'épée. Je pleure parce que je ne vivrai jamais avec ma princesse. Tous ces efforts pour déterrer des cailloux et des vers de terre…

– Mais non, je ne me suis pas moqué de toi, dit le Grand Duc. Il y a bien une épée cachée dans ces ruines, et si tu ne l'as pas trouvée, qu'importe ! Ce n'est pas la fin du monde ! Pour gagner, il faut perdre ; tu as fait tout ce que tu as pu, tu as donné tout ce que tu avais dans le ventre, et tu as perdu, donc, tu as gagné. Quant aux cailloux, dis-toi bien que celui qui déplace les montagnes, c'est celui qui commence par enlever les petites pierres. Et maintenant, il est temps que tu rentres chez toi. Tes parents t'attendent, et ta princesse aussi… Elle s'appelle comment, au fait ?

– Alexia.

– Et toi ?

– Axel.

– Tu vois ! Vous êtes fait l'un pour l'autre. Adieu, Axel !

Ayant dit ces mots, le mystérieux Grand-Duc s'estompa dans la brume comme s'il n'avait jamais existé.

Les mains vides et le coeur lourd, Axel prit le chemin du retour. Ses parents, qui l'avaient cru mort, furent trop heureux de le revoir pour lui faire le moindre reproche. Axel les embrassa, leur demanda pardon, et s'installa à nouveau dans sa chambre.

Le lendemain matin, des fourmillements étranges dans les bras le réveillèrent à l'aube. Il alla voir un docteur qui lui expliqua que c'était l'exercice, auquel il s'était habitué, qui lui manquait. Axel chercha donc un travail en ville et redevint apprenti boulanger. Dès qu'il reçut son premier mois de salaire, il en donna la moitié à ses parents, qui en furent très contents.

Axel se sentit un petit peu réconcilié avec sa destinée.

Pendant ce temps, la princesse broyait du noir. Un soir qu'accoudée à son balcon, elle regardait la pleine lune en soupirant tristement, elle entendit :

– Ouh ! Ouh !

C'était un magnifique Grand-Duc qui voletait au-dessus d'elle dans la nuit. Le grand hibou blanc se posa à côté d'elle sur le balcon et l'interrogea sans façon :

– Qui es-tu ? Que fais-tu ?

– Je suis une princesse, soupira la princesse. Je suis jeune, belle, riche et mes parents m'adorent. Je sais peindre, chanter et monter à cheval. J'ai absolument tout pour moi et ce que je fais, là, en cet instant, c'est que je pense au suicide !, dit-elle d'une voix étranglée.

– Décidément…, murmura le Grand-Duc dans son bec. Tu penses au suicide parce que tu as tout pour toi, ou j'ai mal compris ?

– Oui, c'est bien ça ! Car si j'ai déjà tout, comment pourrai-je jamais trouver ce qui me manque ? Or il me manque quelque chose d'essentiel, je le sais, je le sens ! Et ce manque incompréhensible me fait terriblement souffrir !, sanglota la princesse.

– Dis-moi, quel est ton nom ?

– Alexia.

– Tout s'explique... Sache, Alexia, qu'il ne te manque pas quelque chose, il te manque quelqu'un. Et par chance, je sais qui c'est !

– Qui est-ce ?, demanda Alexia sur ses gardes.

– Axel.

— Et qui est Axel ?, demanda Alexia avec méfiance.

— C'est ton âme-sœur.

— Mon âme-sœur ? Je ne suis pas une princesse de Walt Disney pour croire à ces bêtises !

— Très bien. Je vais de ce pas dire à Axel de se chercher une autre princesse...

— Non, non ! Attends ! Tu es sûr que Axel est mon âme-sœur ?

— Absolument sûr.

— Où vit-il ?

Le Grand-Duc pencha la tête sur le côté et cligna ses yeux ronds.

— Cherche-le et tu le trouveras.

— D'accord… le chercher où ?

Mais le mystérieux Grand-Duc s'était déjà estompé dans la nuit comme s'il n'avait jamais existé.

Alexia supplia le Roi et la Reine de la laisser partir, officiellement pour découvrir le monde, officieusement pour chercher Axel, et comme ils avaient pris l'habitude de ne rien lui refuser, ils lui donnèrent leur bénédiction pour ce voyage ainsi qu'une grosse somme d'argent.

La seule condition qu'ils mirent à son départ fut qu'elle prenne avec elle un garde du corps. Ils lui en proposèrent plusieurs, mais Alexia les trouva tous trop grands, trop petits, trop moroses ou trop nerveux. Pour finir, ses parents agacés lui dirent :

–Alexia, trouve-toi un garde du corps toi-même, tu es assez grande après tout ! Veille juste à ce que ce soit un homme ayant les qualités physiques et morales requises.

Alexia se mit donc en quête d'un garde du corps. Elle épuisa toutes les agences de sécurité sans trouver la perle rare. Axel, de son côté, était toujours aussi passionnément amoureux d'elle. Et comme il avait gagné en confiance en lui, il conçut un plan audacieux ; il réussirait ou il échouerait, mais au moins il serait passé à l'action. Il s'agissait de se faufiler dans le palais pendant le jour, de se cacher dans un coin sombre jusqu'à la nuit tombée, puis de rejoindre la princesse dans sa chambre pour lui avouer son amour. Si elle le prenait mal et le faisait décapiter, tant pis.

Axel, donc, entra dans le palais à l'heure où il était encore ouvert au public et, par le plus grand des hasards, il se trouva que Alexia le croisa dans un couloir. Elle, qui ne pensait qu'au garde du corps dont elle avait besoin, perçut immédiatement son potentiel : bien musclé, l'air sérieux et déterminé, c'était le candidat idéal.

– Vous !

— Qui, moi ?, dit Axel en devenant rouge tomate jusqu'à la racine des cheveux.

— Oui, vous, dit la princesse avec autorité. Je pars en voyage, vous serez mon garde du corps. Préparez vos bagages, on s'en va demain matin. Rendez-vous ici à six heures… Ça vous va ?

— Ça me va, dit Axel maintenant tout pâle, qui n'en revenait pas de la chance énorme qui venait de lui tomber brutalement sur la tête. Après toutes ces années de galère où il avait admiré la princesse de loin, sans même qu'elle s'aperçoive de son existence, voilà qu'elle le prenait comme garde du corps… un métier où il y avait *corps* !

Le lendemain matin, Axel, qui n'avait pas fermé l'oeil de la nuit, était en avance au rendez-vous. Alexia le fut aussi. Dans sa joie de partir enfin chercher Axel, elle lui fit un grand sourire rayonnant. Axel, qui se retrouvait projeté très loin hors de sa zone de confort, fut pris d'une violente nausée. Il mit sa main sur sa bouche.

— Excusez-moi…

Et il partit vomir bruyamment dans les toilettes. Alexia se sentit ébranlée ; c'était la première fois qu'elle était la cause d'un vomissement. La trouvait-il répugnante ?

— Ça va ?

– Oui, oui. Désolé.

– Ça vous arrive souvent ?

– Jamais.

Cette réponse ne rassura pas Alexia.

Elle prit la route sur un étalon blanc et Axel la suivit sur une jument noire. C'était la première fois qu'il montait à cheval, et il ne tenait pas assez fermement les rênes de sa jument ; celle-ci, amoureuse de l'étalon blanc, se rapprocha de lui. Les deux chevaux marchèrent donc côte à côte, et Alexia, toujours tracassée par la réaction de son garde du corps à son sourire, y vit l'occasion de faire un petit test.

Elle se tourna vers lui et lui fit, cette fois-ci, un très léger sourire. Axel vira au rouge, au blanc, au vert, mais ne vomit pas. Elle lui fit ensuite un sourire un peu plus accentué, et Axel détourna la tête comme si le visage de la Princesse lui était insupportable. Alexia, fine mouche, commença à subodorer la vérité… Peut-être que son garde du corps ne la trouvait pas répugnante, en fin de compte ; peut-être qu'il était au contraire fou amoureux d'elle, ce qui expliquerait assez bien ses réactions bizarres.

– Quel est votre nom, au fait ? J'ai oublié de vous le demander…

– Olivier, répondit Axel, qui crut qu'elle lui demandait son nom de famille.

– Enchantée, Olivier, dit Alexia avec un grand sourire, pour avoir le plaisir de le voir changer plusieurs fois de couleur.

Ils avancèrent ainsi des jours droits devant eux, traversant des villes, des villages, des rivières, des forêts. Alexia, qui se faisait une idée grandiose de son âme-sœur, ne pensait pas qu'Axel pouvait se trouver aussi près de son point de départ. Aussi, sans même demander aux passants s'ils connaissaient un Axel, elle poursuivit sa route avec Axel, traversant encore des villes, des villages, des rivières, des forêts.

De jour en jour, Axel devenait un meilleur cavalier et Alexia le trouvait de plus en plus beau. Par un effort énorme de volonté, il avait réussi à mettre sa passion sous contrôle, et feignait assez bien l'indifférence. Selon les jours et selon les circonstances, Alexia se disait « il m'aime » avec jubilation ou « il ne m'aime pas » avec dépit. Ces montagnes russes émotionnelles rendaient le voyage tellement agréable et excitant, qu'elle en oubliait presque son but : trouver Axel.

À force d'avancer droit devant eux, Axel et Alexia arrivèrent au château en ruines nappé de brumes au bord du lac au clapotis mystérieux. Cet endroit, qui respirait la solitude et l'abandon, n'était certainement pas l'endroit parfait pour trouver Axel, puisqu'il n'y avait personne, mais Alexia jugea que c'était par contre un excellent endroit pour se rapprocher d'Olivier et lui faire avouer son amour. Elle brûlait d'envie de lui entendre dire : « Je vous aime » ou, encore mieux : « Je t'aime ». Bien sûr, elle s'indignerait ensuite de son audace et le remettrait vertement à sa place de garde du corps, en lui donnant une bonne gifle par exemple ; ce serait très drôle ! Mais pour le remettre à sa place, il fallait d'abord qu'il en sorte…

Alexia descendit de son étalon blanc et l'attacha à l'arbre noir, sec et noueux où, quelques mois plus tôt, Axel avait voulu se pendre. Axel attacha sa jument noire à côté de l'étalon.

— Je suis déjà venu ici, dit Axel presque malgré lui.

— Ah bon ?… Alors, faites-moi visiter !, dit Alexia en battant des cils avec coquetterie. Et elle attrapa son bras pour qu'il la guide.

Axel n'avait aucune envie qu'Alexia voie les grands trous qu'il avait faits dans le sol, et qu'il n'avait pas rebouchés. Il lui fit donc contourner le coeur des ruines. Le sol étant inégal, Alexia en profita pour s'appuyer un peu trop contre lui ; elle était impatiente de lui arracher un aveu ou, à défaut, un geste de tendresse.

— Et là, derrière ce mur, qu'est-ce qu'il y a ?

— Rien du tout.

— Rien du tout ? Ça a l'air intéressant ! Je vais voir !

— Non, Alexia, attendez !

Mais Alexia courait déjà derrière le mur. Elle aperçut le trou trop tard pour l'éviter, tomba dedans en poussant un cri et se foula la cheville. Axel se précipita pour la rejoindre et la découvrit au fond du trou, où elle grimaçait de douleur. Il se pencha pour l'aider à sortir, elle attrapa sa main, et au lieu de réussir à la sortir du trou, c'est Axel qui tomba sur elle.

Alexia, qui avait espéré un rapprochement, était servie bien au-delà de ses espérances : les deux jeunes gens se retrouvaient prisonniers d'un trou sinistre et profond, au milieu d'un château en ruines, loin de la grande route.

— Je suis désolé, dit Axel, c'est ma faute.

— Mais non, c'est la mienne…

— C'est moi qui ai creusé ce trou.

— Ah ça, c'est malin ! Comment on en sort maintenant ? En plus j'ai mal...

Ils appelèrent à l'aide et seuls les croassements mélancoliques des corbeaux leur répondirent ; dans le trou, il faisait froid.

– Quelle idiote je fais… Tout ça pour chercher un homme qui très certainement n'existe pas !

– Quel homme ?

– Vous ne pouvez pas comprendre...

– Ouh ! Ouh !

Un battement d'ailes se fit entendre au-dessus d'eux. Dans le crépuscule qui descendait, le Grand-Duc se posa au bord du trou.

– Qui êtes-vous ? Que faites-vous ?…

– Aide-nous à sortir !

– Mais c'est Axel et Alexia ! Quel plaisir de vous voir ensemble !

– Mais non, dit Alexia, il ne s'appelle pas Axel, il s'appelle Olivier !

– Excusez-moi de votre contredire, mais si, je m'appelle Axel. Olivier est mon nom de famille.

– Oh nooonn !, s'exclama Alexia.

Elle venait de prendre conscience que si elle avait tant envie de faire avouer à son garde du corps qu'il était amoureux d'elle, c'était parce qu'elle l'aimait elle-même, ce qui était logique, puisqu'il était le fameux Axel, son âme-sœur. C'était logique, mais c'était aussi catastrophique : une princesse ne devait tomber amoureuse que d'un prince, c'était une question de standing ! Entre cette passion dégradante, sa foulure et le fait qu'elle était littéralement au fond du trou, Alexia se sentait humiliée comme jamais.

— C'est un problème, que je m'appelle Axel ?, demanda Axel, perplexe.

— Bon et si on sortait de ce trou, plutôt ???

Axel s'adressa au hibou :

— Je crois que j'ai laissé une échelle derrière l'arbre, tu peux vérifier ?

— Oui, elle y est.

— Tu peux la tirer ici avec tes pattes ?

— Impossible, elle est beaucoup trop lourde… Excusez-moi, mais je dois filer… Surtout, ne vous inquiétez pas : je suis sûr que vous allez trouver un moyen de vous sortir de là !

Et le hibou partit à tire-d'aile, s'estompant dans le crépuscule comme s'il n'avait jamais existé. Le temps qu'Axel et Alexia se remettent de leur stupeur, il était déjà loin.

— Je n'arrive pas à croire qu'il nous plante là comme ça, dit Axel.

– Je veux sortir de ce p… de trou !, trépigna Alexia. J'ai mal et j'ai froid et je vous déteste !

– Calmez-vous, on va trouver une solution.

Mais les parois du trou étaient beaucoup trop lisses pour qu'ils puissent en sortir, même en se faisant la courte échelle. Le temps passait et leurs efforts s'épuisaient en vain.

– On va mourir ici de froid ou de faim ou de soif, finit par dire Alexia sur un ton morne. Pourquoi avez-vous creusé ce trou ?

– Vous ne pouvez pas comprendre...

– Ah ça, c'est sûr ! Je ne peux absolument pas comprendre une action aussi stupide !

La nuit tomba. Alexia finit par dire :

– J'ai froid.

Sans rien dire, Axel se rapprocha d'elle et la serra dans ses bras. Sans rien dire, elle se blottit contre lui et c'est ainsi qu'ils finirent par sombrer dans un sommeil étrangement doux et paisible compte tenu des circonstances.

Le lendemain, le soleil levant les trouva encore endormis dans les bras l'un de l'autre. Les paupières chatouillées par un rayon de soleil, Alexia cligna des yeux et vit, à quelques centimètres à peine de son visage, au sol, quelque chose de brillant. Elle dégagea son bras droit, et tout en restant lovée contre Alexis, gratta avec les ongles pour dégager la chose, en pensant que c'était une pièce de monnaie. Mais c'était nettement plus gros.

Elle gratta encore…

– Axel, réveille-toi, j'ai trouvé quelque chose.

Axel, mal réveillé, se mit à creuser avec elle, et ils finirent par dégager l'objet en entier de la terre où il était enseveli. C'était une magnifique épée en or, et pourtant dure comme du diamant, dont la poignée était incrustée d'émeraudes.

– Le Grand-Duc avait raison !

– C'est pour trouver cette épée que tu as creusé ce trou ?

– Oui, ce trou et bien d'autres… On est sauvé Alexia !

Axel planta l'épée dans la paroi du trou, il fit la courte-échelle à Alexia, qui put aussi poser le pied sur le plat de l'épée comme sur une marche d'escalier, et se hissa à la force des poignets hors du trou. Elle courut chercher l'échelle et Axel put sortir à son tour, en prenant l'épée avec lui.

Alexia folle de joie qu'ils soient enfin sortis du trou serra fort Axel dans ses bras, et il l'enlaça en retour. Elle se mit à rire nerveusement et il lui embrassa les cheveux.

– On est sauvé Axel !

Ils retrouvèrent leurs chevaux, qui étaient restés tranquillement attachés à l'arbre noueux, et partirent ensemble. Axel prit la tête et mena Alexia jusqu'au village, où elle s'installa dans une chambre de l'auberge, et lui dans une autre, juste à côté. Ils purent se nourrir, se laver, changer de vêtements, et un médecin vint panser la cheville d'Alexia. Bref, tout rentra dans l'ordre.

Après quelques heures, Axel frappa trois petits coups à la porte d'Alexia.

Elle lui dit d'entrer et il s'assit près de son lit.

Alexia fit un petit sourire presque timide à Axel ; elle avait laissé toute sa coquetterie au fond du trou où ils étaient tombés. Quant à Axel, c'est son complexe d'infériorité sociale qu'il avait laissé au fond du trou.

Prenant son courage à deux mains, le jeune homme dit à la jeune fille :

– Nous sommes partis pour quelle raison, exactement ?

Alexia soupira un grand coup, et passa aux aveux :

– Le hibou blanc m'avait dit que ce qui me manquait, c'était mon âme-sœur. Alors je suis partie la chercher.

– Et… tu l'as trouvée ?

Alexia rougit.

– Tu veux une déclaration ? Tu es culotté ! Toi, tu ne m'as même pas dit « je t'aime » !

– Je t'aime.

Axel, devenu riche grâce à la vente de l'épée d'or, demanda la main d'Alexia au Roi et à la Reine. Les parents d'Alexia auraient préféré un prince, mais Alexia leur fit tant de crises de nerfs qu'ils finirent par comprendre que ce serait Axel ou personne.

Axel et Alexia régnèrent sur le royaume après la mort du père d'Alexia. Leurs sujets furent très satisfaits d'eux et, plus tard, on dit d'Axel et d'Alexia qu'ils avaient été les meilleurs roi et reine de toute la dynastie.

6. La Brebis Mutante

Il était une fois un troupeau de moutons.

Sur une immense plaine grise, poussiéreuse et désolée, ce troupeau de moutons courait. Les ovins galopaient serrés les uns contre les autres, comme un seul mouton ; quand un l'un d'eux éternuait à cause de la poussière, tous éternuaient ; quand l'un d'eux bêlait, tous bêlaient. Cela faisait si longtemps qu'ils couraient qu'ils ne savaient plus ni d'où ils venaient ni où ils allaient. Comme la plaine grise n'offrait aucun obstacle et aucune variété, tout en courant ils somnolaient les yeux ouverts. Certains ronflaient même, sans cesser de courir pour autant.

Soudain, une petite brebis qui courait à la périphérie du troupeau trébucha sur un caillou et tomba le nez dans la poussière. Le temps qu'elle reprenne ses esprits, se relève et s'époussette, le troupeau somnambule avait déjà disparu à l'horizon.

***

La brebis regarda autour d'elle. Elle qui avait toujours été entourée d'une centaine de moutons, elle était parfaitement seule.

Elle se mit à courir après le troupeau, mais comprit très vite la futilité de sa tentative. Elle ne le rattraperait jamais. Elle revint à l'endroit où elle était tombée par terre et se dit qu'elle n'avait rien d'autre à faire que d'y attendre la mort. Elle se coucha donc sur le sol et attendit. Un oiseau solitaire traversa le ciel en diagonale. Le soleil descendit lentement vers l'horizon qui s'empourprait.

Quoique la situation fût désespérée, la brebis se sentait étrangement heureuse. Pour la première fois, elle pouvait reposer ses petites pattes. Pour la première fois, elle avait le temps de regarder avec ses yeux, et même de réfléchir un peu avec sa tête.

Juste la plaine immense, le ciel démesuré et elle, petit atome de laine face à tout cet infini.

Le soleil se coucha. « Ce pourpre, ce bleu, ce rose, ce violet… c'est magnifique. Un tableau de maître ! », murmura la brebis.

Puis elle se tut. Le silence, que rien ne venait briser, se prolongea, dégageant un espace mental propice à la réflexion. Dans la tête de la petite brebis, des neurones qui ne s'étaient encore jamais rencontrés se rencontrèrent, et pour la première fois elle se posa la question suivante :

« Si le ciel, et plus généralement tout l'Univers, est un tableau de maître, qui est le maître ? Qui a peint ce chef-d'oeuvre ? »

C'était typiquement le genre de questions qu'on ne se posait pas dans le troupeau. Les moutons se contentaient de penser en boucle : « Moi aussi… moi aussi… moi aussi ! » Chaque mouton imitait tous les autres moutons en un cercle sans fin d'imitateurs imités, comme un enfant qui, devant un miroir, chercherait à copier les gestes de son propre reflet.

Après avoir fourni cet effort surovin de logique, la brebis se coucha et s'endormit, totalement épuisée. Sous les étoiles innombrables, inaccessibles et brillantes, elle rêva qu'un être tout-puissant et infiniment bienveillant la recueillait dans sa main immense, et la berçait doucement.

Le lendemain matin, la brebis découvrit que, pendant la nuit, une grosse touffe d'herbes où pointait un pissenlit jaune vif avait poussé près du caillou. Elle était encore toute mouillée de la rosée du matin, et la brebis la brouta avec délice. Aux alentours, il n'y avait aucune autre trace de verdure.

Cette herbe providentielle et rafraîchissante semblait faire écho à son rêve de la nuit, et la brebis commença à se demander si elle était aussi seule et abandonnée qu'elle avait cru l'être, quand elle s'était rendu compte que le troupeau était parti sans elle. Peut-être qu'il y avait une vie après le troupeau, en fin de compte… peut-être même qu'elle avait gagné au change ! Dans le troupeau, elle s'était toujours sentie faible, interchangeable et stupide. Ici, dans la solitude, elle avait presque l'impression d'être quelqu'un, même si pour l'instant elle n'avait pas la moindre idée de qui.

Elle décida de se mettre en route.

D'abord elle trotta vers l'ouest, comme elle l'avait toujours fait lorsqu'elle courait avec le troupeau, mais au bout de quelques minutes elle s'arrêta pour réfléchir. Depuis le temps que le troupeau courait vers l'ouest, elle n'avait jamais vu quoi que ce soit d'intéressant ; c'était toujours la même plaine grise et monotone qui se déroulait. Alors à quoi bon insister ? Après avoir hésité et tergiversé en prenant un peu sur la gauche, un peu sur la droite, elle se décida à changer carrément de direction et prit vers le nord. Peut-être qu'au Nord, elle verrait enfin quelque chose d'intéressant.

Ainsi non seulement elle ne faisait plus partie du troupeau, mais elle marchait dans une direction que le troupeau n'avait jamais prise ! La sensation était inédite, à la fois grisante et angoissante, mais surtout angoissante. Au bout de cinquante mètres environ la brebis s'arrêta, en sueur, le coeur battant à tout rompre et les pattes tremblantes, terrassée par le stress.

— Pour qui je me prends, exactement ? Qui suis-je pour ne pas suivre le troupeau ? Je ne suis personne, je ne suis rien !

Petit à petit, la brebis retrouva son calme. Depuis qu'elle avait dévié de l'ouest, en fin de compte il ne se passait rien de cataclysmique. Aucun éclair ne l'avait foudroyée, aucun météorite ne lui était tombé sur la tête, aucun tsunami ne l'avait emportée. Elle se mit à observer le paysage. Ce n'était plus une morne plaine grise, mais une succession d'ondulations recouvertes d'une herbe rase. Il y avait aussi un petit ruisseau qui glougloutait.

Alors qu'elle se désaltérait à ce ruisseau, la brebis écarquilla les yeux, stupéfaite, en découvrant son reflet… Elle avait changé ! Elle avait changé radicalement ! Elle était devenue noire comme l'encre, noire comme l'ébène, noire comme la nuit !

Le premier choc passé, la brebis fut ravie, car elle avait toujours trouvé l'écru de son lainage fadasse. Le noir lui seyait, il lui donnait enfin un style. En noir, elle avait l'air d'une anticonformiste.

La tête haute, elle poursuivit sa route en trottinant.

Petit à petit, le paysage s'humanisa : il y avait des barrières, des champs, et dans le lointain, des petites maisons aux cheminées fumantes. Les habitations se firent de plus en plus nombreuses, et pour finir, la brebis arriva dans une grande ville.

Là elle vit des immeubles, des automobiles, et beaucoup d'autres choses. Dans les rues, des girafes, des otaries, des éléphants, des kangourous, des zèbres, des chiens et des chats se croisaient, l'air affairé. La brebis écarquilla les yeux : elle n'avait jamais vu une telle diversité.

Se détachant des animaux qui passaient devant elle sur le trottoir, un gros chien de berger se dirigea vers elle d'un air mécontent. Il se planta devant elle et lui aboya :

« Eh, toi, viens avec moi ! »

La brebis avait une forte démangeaison de partir en courant, mais son ancienne habitude de soumission et la peur des conséquences l'en empêchèrent. Elle suivit le chien de berger jusqu'à la porte d'entrée d'un immeuble cossu. Le chien la fit entrer dans une salle d'attente, lui dit d'un air hargneux : « Reste ici en attendant ton tour ! Et pas d'entourloupe, je t'ai à l'oeil ! » et la laissa seule. La brebis hésitait encore entre rester et partir quand la porte s'ouvrit en grand…

Un lion en sortit. C'était la première fois de sa vie que la brebis voyait un lion en chair et en os, et celui-là, à la musculature puissante et au magnifique pelage doré, était particulièrement impressionnant. Le coeur de la brebis se mit à battre la chamade ; devant ce grand fauve, elle se sentait toute petite et vulnérable, comme une proie. Mais le roi des animaux passa devant la brebis noire en lui jetant un bref coup d'oeil oblique, secoua négligemment sa superbe crinière et disparut en se dandinant noblement sans lui faire aucun mal.

Au bout d'une minute, la porte s'ouvrit à nouveau et une voix intima à la brebis l'ordre d'entrer. La brebis entra et se retrouva face à un morse rondouillard, moustachu et chauve portant un stéthoscope autour des bourrelets de son cou grassouillet. Après l'avoir fait asseoir et pris sa tension, le phoque lui asséna :

– Vous souffrez d'une D.C.P.P.T. Heureusement que vous êtes venue me voir. »

– Une D.C.P.P.T., c'est-à-dire ?

– Une Dégénérescence Chromato-Psycho-Pathologique de la Toison. C'est grave, très grave même, mais de nos jours cette maladie se soigne bien quand on la prend au stade un.

– Pourtant, je ne me sens pas malade.

– Je sais, dit le phoque d'un air patient. Le fait de se croire en bonne santé est l'un des symptômes de la D.C.P.P.T. Mais vous avez bien remarqué un changement en vous ces derniers jours, n'est-ce pas ?

La brebis rougit sous sa peau noire.

– Pas vraiment...

À l'idée de discuter son changement de couleur, elle se sentait inexplicablement mal à l'aise.

– Allons, allons, dit le morse. Vous savez bien que tous les moutons naissent blancs, stupides et égaux. Et, pardonnez-moi d'être franc, mais vous, vous êtes complètement noire !

La brebis, qui pouvait difficilement nier ce fait, baissa la tête.

– Vous avez donc dévié de votre patrimoine génétique et renié vos ancêtres. Mais ce n'est pas de votre faute, enfin, pas complètement. Il y a eu sans doute un enchaînement de circonstances… Que s'est-il passé ? Racontez-moi tout, je vous écoute.

Le gros phoque regardait la brebis avec tant de bienveillance, que celle-ci ne put que lui ouvrir son coeur.

– J'ai trébuché sur un caillou et le temps que je me relève, le troupeau était parti sans moi… Ils m'ont abandonnée ! Ils sont partis sans même un regard en arrière ! Pour eux, je n'ai jamais eu aucune espèce d'importance...

– Mais pourquoi n'avez-vous pas couru derrière eux ? Pourquoi n'avez-vous pas rattrapé le troupeau ?

– J'ai essayé, mais ils étaient trop loin.

– Pauvre petite brebis égarée…, dit paternellement le phoque. Mais il y a eu autre chose, n'est-ce pas ? Un mouton ne change pas de couleur à ce point sans avoir pris une décision personnelle.

– Eh bien… Ils couraient vers l'ouest, et moi je suis partie vers le nord.

– Voilà, dit le phoque sur un ton triomphant. Voilà l'erreur ! Voilà la faute ! Il fallait garder le cap ! Il fallait continuer vers l'ouest comme vous l'aviez toujours fait ! Le secret du bonheur, de la tranquillité, de la santé physique et mentale, c'est de suivre les coutumes dont le temps et l'expérience ont montré le bien-fondé ! Regardez-moi, par exemple : j'ai toujours mangé du poisson bien gras en quantité industrielle, et je continue. Résultat : j'ai tous les bourrelets que je dois avoir pour être un vrai phoque !

– Et ça vous plaît tant que ça d'être un phoque ?

– Bien sûr ! Je suis fier d'être fidèle à mon passé, fidèle à ma génétique, fidèle à mes ancêtres, et peu importe si je ne vois pas mon nombril en montant les escaliers... Je suis né phoque et je resterai phoque jusqu'à la fin de mes jours, de la même manière que vous êtes née brebis et que vous resterez brebis jusqu'à la fin de vos jours. En fait, c'est simple : il faut juste que vous redeveniez blanche et tout rentrera dans l'ordre.

– Mais moi, j'aime bien ma nouvelle toison noire. Depuis que je suis noire, j'ai enfin l'impression d'exister.

– Écoutez, Mademoiselle, je vais être un peu dur avec vous, mais c'est pour votre bien. Vous avez besoin d'être secouée, car votre psychopathologie vous illusionne. Alors, écoutez-moi bien. En noire, vous êtes hideuse. En noire, vous êtes moche. En noire, vous ressemblez à un gros cafard.

La brebis se sentit terriblement blessée, mais par un effort de volonté réussit à ne pas le laisser paraître.

– Chacun ses goûts. Moi, je m'aime comme ça. C'est le principal, non ?

– Absolument pas, soupira le phoque. Un mouton ne doit pas se plaire à lui-même, il doit plaire aux autres moutons, sinon où irait-on ? Imaginez le chaos, si tous les moutons raisonnaient comme vous... Bon, je constate que votre D.C.P.P.T. est au stade trois, il va falloir vous hospitaliser en urgence.

La brebis sentit la moutarde lui monter au nez. Le chien de berger lui avait déjà fait le coup de l'autorité ; elle ne se laisserait pas intimider deux fois dans la même journée.

– Hors de question. Je ne suis ni folle ni malade ; ma place n'est pas à l'hôpital.

D'un coup, le phoque se dépouilla de son paternalisme.

– Non, mais vous vous croyez où, exactement ? Dans un conte thérapeutique pour enfant ?! Ici, c'est moi qui décide ! Vous, vous n'êtes rien ! Juste une brebis galeuse qui finira un de ces jours en méchoui ou en merguez, comme tous les moutons ! Les infirmiers arrivent dans cinq minutes, attendez-les à côté. Allez, ouste !

Celle-ci, malgré son coeur qui battait la chamade, tenta de garder la tête froide. Elle n'avait que quelques minutes pour s'enfuir avant l'arrivée de l'ambulance.

Heureusement, le phoque n'avait pas fermé la porte du couloir à clé. La brebis monta l'escalier, que recouvrait un tapis rouge, jusqu'au dernier étage et de là, réussit à passer sur le toit de l'immeuble. Cachée derrière une cheminée, elle observa l'arrivée de l'ambulance, puis un quart d'heure plus tard, le départ de deux gorilles et un pingouin : les infirmiers repartaient bredouilles. La brebis descendit les escaliers, passa sans faire de bruit devant la porte fermée du phoque, et sortit de l'immeuble sans rencontrer personne.

Les animaux pressés s'étaient dispersés ; l'après-midi était belle et tirait à sa fin. Les ombres s'allongeaient, le crépuscule approchait.

Un petit lapin blanc qui allait à ses affaires passa devant la brebis. Ne sachant pas où aller, elle décida de le suivre discrètement, en restant à quatre mètres de distance. Le lapin blanc la conduisit ainsi loin des grands boulevards dans des rues de plus en plus étroites.

Soudain, un lion déboucha d'une ruelle adjacente juste devant le lapin. Plutôt que de se détourner de son chemin pour l'éviter, il avait déjà posé sa patte puissante sur la frêle échine du lapin, et allait appuyer pour avancer, imperturbable et sûr de lui. C'était le même lion que la brebis avait vu sortir du cabinet du phoque... il abusait de sa force pour écraser le lapin comme le phoque avait abusé de son statut pour l'opprimer, elle ! C'était, au fond, la même injustice flagrante qui se répétait ! La brebis noire avait déjà fait preuve de tant de courage ce jour-là que, les muscles gonflés, le poil hérissé, elle rugit de colère :

« Eh, toi, fais attention à ce lapin ! »

Le lion suspendit son geste, se retourna vers elle et la regarda avec surprise, puis avec intérêt, les pupilles dilatées. La brebis, le coeur battant à tout rompre, attendit sa réaction : allait-il relâcher le lapin ?

Le lion lui dit d'une voix douce et rauque qui lui donna un frisson :

– Vous avez peur que j'écrase ce pauvre type ?

– Il a le droit de vivre, autant que vous !

– Ah bon ? Pourquoi pas, après tout ? C'est un point de vue qui se soutient ! Mais non, ça ne peut pas être la vraie raison de votre intervention... Pourquoi ne pas être franche ? Je vous offre cette proie avec plaisir, puisqu'elle vous intéresse !

Et le lion, sans relâcher le lapin, inclina la tête et ajouta avec un petit sourire :

– Je vous l'offre, mais il faut que vous veniez le chercher...

Interloquée par la réaction incompréhensible du lion, mais décidée à aller jusqu'au bout de son courage, la brebis avança à pas comptés, le coeur battant. Curieusement, le lapin ne semblait pas moins terrifié par elle que par le lion.

– Ne me faites pas de mal, pitié ! J'ai une lapine et des lapinous qui m'attendent au terrier !, dit le lapin à la brebis lorsque celle-ci fut arrivée à sa hauteur.

Tandis que la brebis examinait le petit mammifère aux grandes oreilles en se demandant s'il était fou de naissance ou si c'était le stress qui l'avait fait disjoncter, le lion en profita pour frotter doucement, presque tendrement, sa tête contre la sienne. Perplexe et troublée, la brebis regarda le grand fauve dans les yeux, et découvrit son propre reflet dans ses prunelles jaunes…

Et là, stupeur : elle n'était plus une brebis ! Elle était devenue une lionne, une lionne aussi grande et aussi belle que le lion qui lui faisait face ! Un fauve aux grands yeux jaunes, au pelage lustré et aux muscles puissants ! Métamorphose radicale, qui faisait paraître insignifiant son précédent changement de couleur ! Voilà pourquoi tout le monde se comportait si étrangement depuis quelques secondes ! Voilà pourquoi le lapin avait peur d'elle !

Que penserait le phoque d'une telle métamorphose ? Dirait-il qu'elle souffrait d'une M.G.P.P.L. (Mutation Génétique Psycho-Pathologique Léoniforme) ?… La nouvelle lionne se dit avec satisfaction qu'il n'oserait certainement pas la diagnostiquer ni lui dire : « En lionne, vous êtes moche ! En lionne, vous ressemblez à un vilain gros chat ! » Il aurait bien trop peur de se faire dévorer tout cru pour se le permettre ! C'était tout l'intérêt d'être un grand fauve : personne n'avait la moindre envie de vous marcher sur les pattes… Sans parler de la beauté et du charisme, qui n'étaient pas des avantages négligeables, eux non plus ! À ces pensées euphorisantes, la confiance en soi de l'ex-brebis monta en flèche. Sa vie était bien plus exaltante qu'elle n'aurait jamais pu l'imaginer, à l'époque où elle n'était encore qu'une petite brebis anonyme courant dans le troupeau somnambule !

Qu'est-ce qui pouvait bien expliquer cette subite métamorphose ? Sans doute la colère qu'elle avait ressentie et le courage dont elle avait fait preuve tout à l'heure, quand le lion avait failli écraser le lapin. La colère et le courage n'appartiennent pas aux moutons. Pendant que l'ex-brebis réfléchissait ainsi, le lion la regardait toujours avec intensité, ébloui et fasciné par la magnifique lionne qui lui faisait face. Profitant de sa distraction, le lapin détala sans demander son reste.

— On s'est déjà rencontrés, non ? dit le lion d'une voix douce et grave, tout en clignant ses yeux jaunes et en balançant mollement sa queue.

— Oui, dit la lionne, dans la salle d'attente du phoque, tout à l'heure.

— Ah bon ? Je n'ai vu qu'une jolie brebis noire...

— C'était moi.

Le lion haussa les sourcils.

— Vous avez beaucoup changé en quelques heures !

— C'est ce que je me dis aussi, avoua la lionne.

Comme elle sentait qu'elle pouvait tout se permettre, et que le magnifique mâle qui lui faisait face l'intéressait énormément, bien plus encore qu'elle n'était prête à se l'avouer, elle continua :

– Je peux vous poser une question personnelle ? Sans indiscrétion… ou avec… vous faisiez quoi chez le phoque ?

Le lion soupira et secoua sa crinière.

– J'ai souvent du mal à m'endormir… J'ai cru qu'un somnifère m'aiderait. Mais je comprends maintenant ce qui me manquait.

Le lion se rapprocha de la lionne, si près qu'elle sentit son souffle chaud dans son cou. Encore une fois, il frotta sa tête contre sa tête, en une caresse tendre et sensuelle.

– Ce qui me manquait, c'est toi. Je suis sûr que Dieu t'a créée pour que je dorme tout contre toi, le nez dans ton odeur et ta fourrure… Et il ajouta doucement « graaaou » en la léchant derrière l'oreille, ce qui signifiait « Tu es très belle, je t'aime et je t'aimerai jusqu'à mon dernier souffle », en langage léonin.

La lionne frissonna et sentit son coeur fondre. Un profond soupir lui échappa.

Toute sa vie passée prenait un sens, maintenant qu'elle en changeait. Délivrée de son identité de mouton, elle était devenue la lionne libre et souveraine qu'elle était destinée à devenir, et qui plus est, elle avait trouvé son âme-sœur ! Un bonheur infini envahit son âme, où la gratitude se mêlait à la joie…

***

Le troupeau de moutons continua à courir vers l'ouest jusqu'au jour où les moutons arrivèrent face à une faille béante, un gouffre obscur qui semblait sans fond. Ils ne le virent pas parce que, comme d'habitude, ils dormaient les yeux ouverts.

D'abord les moutons de tête tombèrent, sans bêler la moindre protestation ni sortir de leur somnambulisme, comme s'ils étaient déjà morts. Puis ce fut au tour des moutons suivants de dégringoler silencieusement dans le gouffre, à l'image d'une fine pincée de sucre blanc tombant dans une tasse de café noir. Lorsque le dernier mouton fut tombé, le gouffre se referma comme la gueule d'un loup.

Sur l'immense plaine grise, poussiéreuse et désolée, ce fut comme si la faille n'avait jamais existé, et les moutons non plus.

7. Le Dragon Blanc

Il était une fois un dragon qui ne savait pas qu'il était un dragon.

Quand il était petit sa maman l'appelait tendrement : « Ma petite licorne ! », car il avait une excroissance en corne entre les yeux. Du coup le dragon, qui avait eu une enfance très protégée et une jeunesse très solitaire, s'était toujours pris pour une licorne.

Un jour, dans l'eau d'un ruisseau particulièrement limpide, pour la première fois de sa vie, il se vit, et découvrit que non seulement il n'était pas une licorne, mais il était carrément le contraire : un gros vilain dragon noir et écailleux à grandes dents !

– Les dragons sont méchants, or je suis un dragon... Serais-je donc méchant ?, s'interrogea à haute voix le dragon en pleine déprime et introspection, la tête entre les pattes.

Une toute petite fée aux ailes de libellule qui vivaient au bord de ce ruisseau entendit ses paroles et vint se poser sur son museau écailleux.

— Je ne sais pas si tu es méchant, mais ce qui est sûr, c'est que tu es super-moche !

Le dragon éclata en sanglots.

— Je ne veux pas être un dragon ! Je veux être une licorne ! une belle licorne toute blanche avec une jolie corne torsadée et dorée et une petite cape rouge et bleue, comme sur la tapisserie du musée de Cluny !

La petite fée, pas mécontente de se sentir supérieure à une créature tellement plus grosse qu'elle, lui dit sur un ton paternaliste :

— Je suis désolée, mais je ne peux pas te métamorphoser en licorne. Ce serait un travail de titan, pas de fée… Cependant ce n'est pas une raison pour te décourager. Peut-être qu'un jour tu deviendras une licorne, même si je ne vois vraiment pas comment. Après tout, on ne sait jamais, tout est possible...

— Non c'est foutu, je ne serai jamais une licorne. Je serai toujours enfermé dans cette peau écailleuse, j'aurai toujours ces ailes membraneuses de chauve-souris sur le dos, et du coup, je serai toujours détesté et haï par les gens, car personne n'aime les dragons...

– Oh ça va, arrête de pleurnicher ! Ce n'est pas avec ce genre d'attitude que tu te changeras en licorne !

Et la fée, lassée de sa négativité, s'envola à tire-d'aile de libellule en l'abandonnant à son triste sort.

Dans sa solitude retrouvée, le chagrin du dragon augmenta encore. Il pleura tant et tant que ses larmes se déversèrent dans le ruisseau, qui grossi de ses larmes se changea en rivière et se jeta dans la mer. L'eau de la mer s'évapora, des nuages se formèrent, les nuages se changèrent en gouttes de pluie qui tombèrent sur la terre, faisant ainsi pousser de beaux lys blancs près du ruisseau.

Pendant ce temps le dragon, qui s'était réfugié au fond d'une grotte froide et obscure idéale pour broyer du noir, creusait le fond de sa dépression.

Au bout de neuf mois, il sortit de sa grotte et accepta son sort :

– Je suis un dragon, mais je serai un gentil dragon. Le Mal est un choix, le Bien est un choix, je fais le bon choix !

Dans la mesure de ses moyens, le Dragon fit donc le Bien. Quand un enfant se perdait, il le ramenait à ses parents ; quand, dans un jardin, le vent menaçait d'emporter les draps étendus sur un fil, il rajoutait des pinces à linge ; quand une tomate roulait par terre, il la ramassait et la remettait sur l'étalage du marchand de légumes.

Malheureusement, la mauvaise réputation des dragons lui collait à la peau. Les gens ne comprenaient rien à ses bonnes actions, qu'ils interprétaient tout de travers. Selon qu'on se croyait plus faible ou plus fort que lui, on s'enfuyait terrifié à son approche ou on lui lançait des tomates pourries en le huant.

Mais en réalité, on n'avait rien à craindre : le dragon, stoïque, encaissait tout sans riposter ni se défendre. Il aurait pu rôtir au lance-flamme ceux qui l'embêtaient, mais il ne leur crachait même pas une fumerolle au visage, ce qui fait que le temps passant, il fut à la fois de moins en moins haï et de plus en plus méprisé.

Le dragon avait bien tenté d'expliquer qu'à la différence des autres dragons il était gentil, mais la barrière de la langue l'en empêchait. Les gens ne comprenaient pas le langage dragon ; ils interprétaient ses « Grasqy zofnne ééknianéb tnnbu ! » comme des grognements inarticulés dépourvus de signification.

Cette existence misérable lui pesait terriblement, mais il ne voyait pas comment faire marche arrière. À l'époque où il se croyait une licorne, il vivait paisiblement dans la solitude, loin des préjugés, mais depuis que, conscient d'être un dragon, il était sorti de sa grotte, il ressentait le besoin de compenser son physique infernal par de bonnes actions, ce qui ne se pouvait faire qu'en contact avec le monde extérieur.

Le dragon avait des ailes membraneuses, mais elles étaient trop petites pour lui permettre de voler. Un jour où, en proie à une profonde tristesse, il marchait sans faire attention où il posait les pattes, par inadvertance il marcha sur une tortue.

Il entendit un craquement sinistre, leva la patte et découvrit que la carapace de l'animal s'était brisée en mille morceaux comme un miroir... De l'animal à l'intérieur, il ne restait qu'une bouille sanglante. Un sentiment d'horreur saisit le dragon. Il avait assassiné cette tortue ! Il avait littéralement son sang sur les pattes !

Une voix claire se fit entendre :

– Tortue, tortue ! Viens, j'ai de la salade pour toi !

Paniqué, en quelques secondes le dragon creusa de ses grandes pattes griffues un trou dans la terre, y mis le cadavre de la tortue et les éclats de sa carapace, referma le trou et s'assit dessus. Une petite fille toute blonde et toute mignonne arriva juste après et lui demanda innocemment :

– Bonjour Monsieur le Dragon. Est-ce que vous avez vu ma tortue ? Je la cherche…

Assis sur la tombe improvisée de sa victime, le dragon répondit « non » de la tête, en proie à un sentiment de culpabilité si intense, si insoutenable, qu'il avait l'impression qu'il allait devenir fou.

La petite fille repartit en appelant sa tortue et le Dragon alla se terrer au fond de sa grotte, torturé par une souffrance atroce.

Chaque nuit, il voyait en rêve la tortue qu'il avait tuée. La carapace brisée se reconstituait, redevenait intacte, la torture reprenait sa forme initiale, battait lentement des paupières, puis ouvrait de grands yeux qui le fixaient d'une manière terrifiante. Tout en le fixant ainsi, le désignait de la patte à quelqu'un qu'il ne pouvait pas voir en disant :

« C'est lui ! C'est lui qui m'a tué ! »

Bien sûr, le dragon se réveillait baigné de sueur froide, le coeur battant à tout rompre. Le dragon ressortit de sa grotte au bout de neuf mois, l'âme noircie par la conviction que son crime était impardonnable.

« Puisque je suis un dragon, puisque tout le monde me déteste, puisque j'ai assassiné un être innocent et que j'ai menti à un autre pour lui dissimuler mon crime, puisqu'il est trop tard pour faire marche arrière, je n'ai plus qu'une chose à faire : m'assumer comme méchant dragon. »

Il se rendit donc chez les dragons, qui le reçurent amicalement ; après tout, il leur ressemblait comme un frère. Leur accueil chaleureux lui donna l'impression délicieuse qu'il avait trouvé une grande famille, qu'il était enfin intégré, mais cette douce illusion ne dura même pas vingt-quatre heures.

Le lendemain matin, au petit déjeuner, un dragon raconta aux autres dragons une blague où il était question de bébés rôtis, et tous les dragons s'esclaffèrent.

Frissonnant de dégoût, le dragon quitta la communauté satanique des dragons.

« Je ne suis ni gentil ni méchant, je n'ai ma place ni chez les gens ni chez les dragons… mais alors, où est ma place ? Il faut que je la trouve... »

Le dragon marcha longtemps, très longtemps. Il prit aussi le bateau, le bus, le train. Au cours de son long périple, il fut en interaction avec toutes sortes de gens. Ainsi, petit à petit, il apprit le langage des Hommes.

Cependant il ne trouvait pas de réponse aux questions existentielles qui le hantaient, peut-être parce qu'il n'osait pas les poser à qui que ce soit.

À force de sillonner le vaste monde, le dragon arriva en Chine. Là, près d'une montagne au sommet enneigé, sous un cerisier en fleurs, un homme à la longue barbe blanche et au beau visage ridé méditait dans la position du lotus. Ce vieil homme avait l'air tellement sage que le dragon comprit tout de suite qu'il connaissait la réponse aux questions qui le hantaient… C'était le moment ou jamais de faire preuve de courage. Surmontant sa timidité, le dragon approcha du vieux sage :

– Pardonnez-moi de vous déranger Monsieur, mais je vois que vous êtes très sage… Est-ce que je peux vous poser une question ?

Le sage ne dit rien et, malgré ce silence dissuasif, le dragon continua courageusement :

– Pourriez-vous me dire, s'il vous plaît, quel est le sens de la vie ? Ou du moins, de la mienne...

Après un long silence, le vieil homme impassible dit :

– La vie, c'est un bol de cerises.

Et il se tut.

Le dragon, complètement désarçonné par cette réponse, n'osa pas insister. Il dit : « Merci, merci beaucoup... je comprends maintenant » quoiqu'il n'ait rien compris, et reprit sa route. Mais au bout de quelques kilomètres, il se dit qu'il ne pouvait pas se contenter d'une réponse aussi énigmatique, retourna au pied de la montagne, près du cerisier en fleurs et du vieil homme à la barbe blanche, et lui dit :

– Excusez-moi de vous déranger encore une fois, mais finalement je ne suis pas sûr d'avoir bien compris votre première réponse... Quand vous dites que la vie est un bol de cerises, que voulez-vous dire quoi exactement ?

Après un très long silence, le vieil homme dit :

– Dans les cerises, il y a des noyaux.

Le dragon perplexe remercia encore une fois, s'éloigna encore une fois, et comme la fois précédente marcha quelques kilomètres avant de faire demi-tour.

– Je suis désolé de vous importuner une troisième fois, mais quand vous dites qu'il y a des noyaux dans les cerises, que voulez-vous dire quoi exactement ?

Après un silence infiniment long, le vieil homme dit :

– Les noyaux donnent des cerisiers.

Le dragon, qui à ce stade était tellement exaspéré par le vieux sage qu'il se retenait à grand-peine de le griller vivant, entra dans une auberge pour touristes qui était juste à côté et commanda un steak saignant à la place. Il le mangea en ignorant les remarques désagréables que les gens attablés faisaient à mi-voix sur son physique de dragon. Comme la serveuse avait répondu beaucoup plus vite que le vieux sage à ses questions sur le menu, il se dit qu'il n'avait rien à perdre à l'interroger elle aussi. Grâce à l'audace dont il avait fait preuve en interrogeant le sage, cette fois-ci il se jeta à l'eau facilement :

– Excusez-moi Mademoiselle, je cherche le sens de la vie... Est-ce que vous le connaissez, par hasard ?

La serveuse, jeune fille ambitieuse qui travaillait pour payer ses études de médecine, lui répondit sans hésiter :

– Le sens de la vie, c'est vers le haut.

Quoi qu'encore trop vague, cette réponse lui parut plus pertinente que le bla-bla sur les cerises. Tout en méditant sur sa signification, le dragon regardait par la fenêtre la montagne, dont le sommet enneigé était voilé de brumes légères, et une idée germa dans son esprit. Peut-être que s'il montait là-haut, il trouverait enfin une réponse précise à sa question existentielle...

Il grimpa donc, et ce ne fut pas facile : il était gros, il n'avait pas l'habitude de faire du sport, et, comme d'habitude, ses petites ailes de chauve-souris ne lui servaient à rien du tout. Après plusieurs jours de marche ponctuée de dérapages et de chutes plus ou moins douloureuses, il arriva enfin, tout essoufflé et quelque peu amaigri, au sommet de la montagne.

Là, il y avait un magnifique panorama, et rien d'autre. « Ce n'est pas possible, je ne peux pas avoir fait tous ces efforts pour rien, je ne peux pas repartir les pattes vides… » se dit le dragon.

Le dragon attendit un signe quelconque au sommet de la montagne pendant trois jours, en se nourrissant uniquement de la rosée du matin.

Le quatrième jour, alors que la faim commençait à lui donner des vertiges, il vit au-dessus de son museau une corde qui se balançait dans le vide. Le dragon l'attrapa et se hissa laborieusement jusqu'à la nacelle d'un ballon dirigeable multicolore.

Là, se trouvait un petit garçon brun et souriant aux cheveux bouclés. Même si le Dragon ne l'avait jamais vu, il le reconnut : c'était l'Enfant Jésus.

– On va aller au Ciel, et là tu auras tes réponses, dit l'Enfant Jésus au dragon.

Ils arrivèrent à la porte du Ciel, qui était une grande porte en lapis-lazuli. L'enfant Jésus toqua et la porte s'ouvrit immédiatement. Les anges-portiers regardèrent le dragon d'un air perplexe, mais comme il accompagnait l'Enfant Jésus, ils les laissèrent entrer tous les deux sans faire d'objection.

Devant le trône de Dieu, le dragon se prosterna. Et comme il voyait du coin de l'oeil que l'Enfant Jésus l'encourageait, il s'adressa directement à Dieu :

— Ô Dieu, explique-moi qui je suis et ce que je dois faire. Je souffre ! Je t'en prie, montre-moi dans quelle direction je dois aller pour Te plaire et être heureux...

— Surtout, ne te décourage pas, lui répondit Dieu. Ta mission est très importante. Tu es un ambassadeur du Bien sur la terre. Ta forme ne doit pas t'arrêter. Elle ne doit pas être un obstacle. Sois gentil avec les gens. Aide-les. Protège-les. Ne te décourage jamais. Travaille pour le Bien, et à la fin tu obtiendras ce que tu désires.

— Mais la tortue que j'ai tuée ?

— Regarde...

Et le dragon vit arriver une très belle et très grande torture dont la magnifique carapace d'or étincelait comme un miroir sans tâche ni fêlure. La tortue sourit au dragon comme à un vieil ami, et lui dit :

— Je te pardonne de tout mon coeur, d'autant que c'était un accident...

— Mais alors, tu n'es plus morte ?

— Je suis morte sur la terre et je suis vivante ici, dans le ciel. Je suis heureuse et je ne t'en veux pas, alors ne t'en veux pas non plus.

– Merci, ô merci ! Et la petite fille ?

– Ne t'inquiète pas pour elle : elle m'a remplacé par un petit chat qu'elle aime beaucoup…

Lorsque le dragon se réveilla, il était à nouveau au sommet de la montagne, seul.

Pensif et rasséréné, le dragon redescendit la montagne jusqu'à l'auberge.

Lorsque le vieux sage, toujours assis en lotus sous son cerisier en fleurs, vit le dragon arriver sur le chemin, il écarquilla les yeux, ouvrit grand la bouche, se leva, se rassit, se leva encore, prononça des mots sans suite, et pour finir se prosterna devant le dragon.

Gêné, le dragon lui dit :

– Relevez-vous, voyons… On ne doit se prosterner que devant Dieu !

Mais le vieux sage semblait en transe, et marmottait des paroles incompréhensibles à propos d'un parchemin, d'une vieille légende et d'un dragon élu… Ses cris d'extase inarticulée attirèrent l'attention des touristes de l'auberge, et immédiatement, ceux-ci dégainèrent leurs smartphones pour prendre le dragon en photo.

Le dragon n'accorda pas d'importance à la crise de folie du vieux sage ni au comportement incompréhensible des touristes, et rentra par le chemin le plus direct chez lui, près du ruisseau où, pour la première fois, il avait découvert son reflet.

Comme le voyage avait été long et éprouvant, il commença par s'y désaltérer longuement, sans prêter la moindre attention à son image, car il se souvenait de ce que lui avait dit Dieu : « ta forme ne doit pas t'arrêter ». Puis il s'assit et regarda les nuages, qui flottaient haut dans le ciel bleu. Même s'il ne savait pas du tout de quoi son avenir serait fait, il se sentait en paix avec lui-même et avec l'univers.

La petite fée aux ailes de libellules passa par là.

– Ah, bonjour, dit-elle… Vous êtes le nouvel habitant de la grotte ?

– Mais non, l'ancien ! Tu ne me reconnais pas ?

– Pas du tout.

– Il y a un an, tu m'as dit : « Je ne sais pas si tu es méchant, mais ce qui est sûr, c'est que tu es super-moche ! »

– C'était toi ?! Qu'est-ce que tu as changé !

– Tu trouves ?

– Mais oui ! Regarde-toi !

Le dragon regarda dans le ruisseau et y vit un grand dragon blanc comme neige au corps longiligne ; rien à voir avec l'espèce de tyrannosaure rex ténébreux qu'il était auparavant ! Ce dragon blanc, qui n'avait pas d'ailes, était plein de noblesse ; à la fois gracieux et imposant, il dégageait une aura de douceur, dé force, et de sagesse. Le dragon se jugea, sans fausse modestie, absolument magnifique.

Avant même qu'il ait eu le temps de se réjouir pleinement de sa nouvelle forme, la petite fée l'interrompit dans ses réflexions.

– Mais au fait, s'exclama-t-elle toute joyeuse, tu as de la chance ! Depuis l'année dernière, j'ai fait beaucoup de progrès en magie… Tu veux toujours devenir une licorne, n'est-ce pas ?

– Non, merci.

– Comment ça, non ? C'était ton rêve ! Tu ne veux plus devenir une belle licorne avec une jolie corne torsadée et dorée et une petite cape rouge et bleue, comme sur la tapisserie du musée de Cluny ?

– Non, merci.

– Pourtant, c'est super d'être une licorne, insista encore la fée sans le moindre tact. Le summum de la beauté et de la grâce !

– Non, merci, répéta une troisième fois le dragon blanc avec un sourire crispé.

Il commençait à craindre que la fée ne soit tentée d'utiliser ses nouveaux pouvoirs sur lui en se passant de son consentement. Confirmant ses craintes, la licorne s'entêta :

– Mais pourquoi tu ne veux pas ?… Donne-moi une bonne raison, ou je te change en licorne avec ou sans ton accord !

Le dragon réfléchit à toute allure. Il avait tant voulu être une licorne à une autre époque de sa vie qu'il avait du mal à trouver des inconvénients au fait d'en être une, mais là, il y avait urgence.

– Les licornes sont très fragiles, elles attrapent facilement des pneumonies. En plus elles sont tellement gracieuses et jolies qu'on les prend certainement pour des idiotes. Franchement, je préfère être un dragon... et je te signale que les bonnes fées ne métamorphosent pas les créatures sans leur accord, ce sont les méchantes Carabosse qui font ça !

– En fin de compte tu n'as pas changé, dit la fée avec dépit. Tu es toujours aussi rabat-joie ! Allez, bon vent, crétinosaure !

Et la fée s'envola à tire-d'aile de libellule chercher un cobaye plus coopératif pour ses travaux de magie pratique.

Le dragon blanc poussa un soupir de soulagement. Qui aurait cru qu'un jour, il aurait peur, vraiment peur, d'être changé en licorne ? Pas lui en tout cas !

Au cours de l'année suivante, la vie du dragon changea profondément. Il avait enfin le physique parfait pour être ce que Dieu voulait qu'il soit : un ambassadeur du Bien sur la terre. En admiration devant sa taille, sa force, sa beauté et sa sagesse, les gens venaient le consulter des quatre coins du monde. Il leur donnait d'excellents conseils et les aidait à se défendre contre les autres dragons, qu'il affrontait lui-même dès qu'il en avait l'occasion. Chaque fois, le méchant dragon repartait la queue entre les jambes, sans avoir pu tuer les gens qu'il voulait tuer, ou se faisait occire lui-même, car le dragon blanc était sans pitié avec les dragons les plus pervers.

Cependant, même si le dragon blanc était heureux de remplir la mission que Dieu lui avait confiée, une mélancolie diffuse, espèce d'automne de l'âme, ne le quittait pas.

« Y a-t-il d'autres dragons blancs au monde ou suis-je, comme le Monstre du Loch Ness, seul de mon espèce ? », se demandait-il un jour, en se regardant dans l'eau du ruisseau, lorsqu'il entendit un froissement de feuilles.

Sur l'autre rive du ruisseau, une licorne pleine de boue, de sueur et de sang surgit des buissons ; de grosses larmes perlaient de ses beaux yeux verts. À travers le ruisseau, le dragon blanc et la licorne échangèrent un regard.

– Aidez-moi, supplia la licorne, on veut me tuer !

Le dragon blanc sauta d'un bond au-dessus du ruisseau et entoura la licorne de son corps souple et puissant. Il lui chuchota : « baisse-toi ». La licorne se fit toute petite tandis que le dragon blanc l'entourait de plusieurs anneaux, de manière à la dissimuler totalement aux regards. Une minute plus tard, dans un froissement de feuilles, une vingtaine de licornes apparurent. Devant l'imposant dragon blanc lové au milieu du chemin, elles hésitèrent. Leur chef prit la parole :

– Avez-vous vu passer une licorne ?

— Non, répondit sobrement le dragon blanc.

— Vous en êtes sûr ?

— Oui, répondit le dragon blanc, en soufflant un nuage de fumée menaçante par les naseaux.

— Désolées de vous avoir dérangé...

Le dragon se tut et les licornes, légèrement déstabilisées, partirent chercher ailleurs. Quand elles furent loin, le dragon blanc libéra la licorne de ses anneaux. Couverte de boue, de sueur et de sang, celle-ci tremblait de tous ses membres. Le dragon apitoyé lui parla avec douceur :

— Tu es en sécurité maintenant. Elles sont parties.

— Et si elles reviennent ?

— Je te protégerai.

Soulagée et fourbue, la licorne frissonnante se coucha sur le flanc. Le dragon blanc, qui dans sa grotte avait toute une collection d'éponges naturelles pour son hygiène personnelle, alla en chercher une, la plongea dans l'eau pure du ruisseau, et lava doucement la licorne.

Petit à petit, sa belle robe retrouva sa blancheur immaculée. Le sang provenait de petites coupures qu'elle s'était faites en galopant à travers les ronces, rien de grave. La licorne pleurait en silence. Le dragon aurait bien voulu la réconforter, mais ne savait pas comment s'y prendre.

— Je suis pathétique, je sais, renifla la licorne.

— Mais non, tu es passée par une terrible épreuve, c'est normal que tu aies du mal à t'en remettre.

— Les licornes jugent tout à travers l'apparence physique… Pour elles, il n'y a qu'une espèce de licorne qui a le droit d'exister : les licornes à la crinière dorée et aux yeux bleus. Toutes les licornes qui ne rentrent pas dans ce moule sont considérées comme des sous-licornes, des parasites répugnants qui n'ont pas le droit de vivre. Et moi, j'ai les yeux verts !

— Mais ta crinière est dorée, et tes yeux sont magnifiques !

— Pas pour elle. Elles considèrent le vert comme une couleur diabolique parce que c'est la couleur des rhinocéros, et que le rhinocéros est l'antithèse de la licorne.

— C'est débile.

— Tout ça, c'est de ma faute...

— Bien sûr que non ! Tu n'as pas choisi la couleur de tes yeux !

— C'est vrai, mais j'ai choisi autre chose… Enfin, peu importe maintenant, ce qui est fait est fait, dit la licorne avec résignation.

Le dragon et la licorne devinrent amis intimes. La nuit, ils dormaient dans la grotte l'un contre l'autre, la licorne blottie comme un petit chat contre le grand dragon blanc. C'était presque une relation filiale, le dragon prenant paternellement soin de la licorne et la licorne se laissant dorloter avec gratitude et plaisir, même si elle trouvait parfois qu'il la traitait un peu trop comme une petite chose fragile.

Un soir que la licorne soupirait en admirant le soleil couchant, le dragon la rejoignit :

– Qu'est-ce que tu as ? Pourquoi es-tu triste ?

– À cause de moi, tu restes célibataire...

– Ce n'est pas à cause de toi. Je suis seul de mon espèce.

– C'est ce que tu crois, mais au pays des dragons blancs, il y a plein de dragonnes blanches...

– Il y a un pays des dragons blancs ?! Tu ne m'en as jamais parlé !

– Oui, par égoïsme, avoua la licorne. Mais tu as le droit d'être heureux, même si moi je ne peux pas l'être. Il est temps que tu ailles chercher la dragonne qui t'est destinée...

– Oui, tu as raison. Allons-y.

– Tu veux que je vienne avec toi ?

– Bien sûr ! Je ne connais pas le chemin, tu me guideras... Et quand j'aurai trouvé ma dragonne, tu resteras vivre avec nous.

La licorne n'eut pas l'air enchantée plus que cela par cette perspective, mais accepta de guider le dragon vers le pays des dragons blancs. À peine se furent-ils mis en route en longeant le cours du ruisseau, que, pour la troisième fois, la petite fée aux ailes de libellules surgit.

– Tiens, vous êtes là tous les deux, c'est marrant !, dit-elle en découvrant le dragon et la licorne. Alors, heureuse ?, dit la fée à la licorne, en se rengorgeant comme si elle s'attendait à des félicitations.

– Pas du tout !, dit la licorne en tapant du sabot, et je te demande instamment de me rendre ma forme originelle ! Je déteste être une licorne !

– Tu devrais t'estimer heureuse, je t'ai relooké du tonnerre ! Tu étais laide à pleurer, et maintenant tu es une vraie beauté !

– De quoi parlez-vous ? Que se passe-t-il ?, demanda le dragon, perplexe.

– Cette donzelle n'est jamais contente ! Je lui ai donné la forme qu'elle voulait, et maintenant elle se plaint !

– Quand j'ai voulu devenir une licorne, je ne connaissais rien à leur mode de vie. Tout ce que je voyais, c'était l'image, la tapisserie de Cluny : une belle licorne toute blanche avec une jolie corne torsadée et dorée et une petite cape rouge et bleue… Mais les licornes sont racistes, et j'ai les yeux verts ! Je n'ai de place nulle part ! Je t'en prie, rends-moi ma première forme…

– Quel gaspillage. Enfin, si vraiment tu veux redevenir moche, c'est simple : fais-toi bizouter par un animal de ton espèce originelle.

– C'est quoi, ton espèce originelle ?, demanda le dragon blanc à la licorne avec un immense intérêt.

– Elle ne te l'a pas dit ?! Quelle cachottière. C'est une dragonne blanche comme toi. Tiens, mais voilà la solution ! Allez, embrassez-vous fissa, qu'on en finisse.

La licorne et le dragon se regardèrent, embarrassés. Ni l'un ni l'autre ne voulaient s'embrasser ainsi, sur commande et en public, et pourtant tous les deux mourraient d'envie que la licorne retrouve sa forme de dragonne.

– Allez, on se dépêche !, dit la fée, toujours aussi dépourvue de tact.

La licorne et le dragon ne firent aucun geste l'un vers l'autre.

– Vous êtes bouchés ou quoi ? Embrasse-la !

– Fous-nous la paix !, rugit soudain le dragon en crachant un long jet de flammes.

– Mais tu es taré !, cria la fée dont il avait légèrement roussi les ailes de libellule. Puisque c'est comme ça je me casse… Adieu, les cassos !

Le dragon et la licorne se retrouvèrent seuls. Le ruisseau glougloutait, des oiseaux gazouillaient, le ciel était très bleu. Le dragon toussota.

– Maintenant qu'elle est partie, on pourrait peut-être faire un petit test, tu ne crois pas ?

Sans le regarder, la licorne répondit :

– Si tu veux...

Le dragon se rapprocha de la licorne. Il n'avait jamais été aussi ému et c'était une sensation merveilleuse. La licorne, tête tournée, regardait toujours ailleurs. Le dragon déposa un petit baiser sur sa joue.

– On dirait que ça ne suffit pas, dit la licorne d'une voix enrouée.

– Oui il faut plus que ça, dit le dragon, et il l'embrassa carrément sur le museau.

Aussitôt, la licorne redevint une magnifique dragonne blanche. Le dragon dit :

– C'est très bien, mais je ne suis pas sûr que ça soit suffisant.

Et il l'embrassa encore.

Et encore.

Le dragon et la dragonne n'allèrent jamais au pays où des dragons blancs. Ensemble, ils vécurent longtemps heureux et eurent beaucoup de petits dragons blancs qui, comme leur père et mère, combattirent les méchants pour que le Bien règne sur la terre.

8. L'Orpheline et le Loup

Il était une fois une pauvre orpheline qui était amoureuse d'un grand méchant loup. Elle rêvait de l'épouser, il rêvait de la manger.

Elle l'avait rencontré au zoo où il était incarcéré.

Ils avaient eu le coup de foudre l'un pour l'autre, mais pas le même genre de coup de foudre. Lui l'avait trouvé irrésistiblement appétissante, elle l'avait trouvé irrésistiblement beau. Lucide, elle avait conscience que s'il pouvait sortir de sa cage, il se jetterait aussitôt sur elle pour la dévorer toute crue ; malgré cela, elle ne pouvait s'empêcher de l'aimer.

Elle essayait de regarder la réalité en face, de ne pas perdre son temps à rêver des rêves qui n'avaient aucune chance de devenir des réalités, mais c'était difficile : son amour donnait des ailes à son imagination, qui prenait son envol sans attendre son autorisation…

Un jour, alors qu'elle pensait comme d'habitude au loup qu'elle adorait, elle entra par distraction dans un centre commercial très luxueux, le genre d'endroit où une pauvre orpheline n'avait rien à faire. D'abord, elle se sentit intimidée, puis se dit que plonger une demi-heure dans cet univers ne lui ferait pas de mal... ça lui changerait un peu les idées.

Elle flânait devant les devantures de différentes boutiques de vêtements sans se décider à entrer dans aucune, quand elle se sentit irrésistiblement attirée par une petite boutique qui sentait bon.

Il y avait là des petits flacons de musc noir, des sous-vêtements masculins, des tapis verts, des bagues en argent pour hommes, et bien d'autres choses encore.

Comme la pauvre orpheline pensait toujours à son loup, elle fit le lien entre ces différents objets et lui : le musc était noir et odorant comme son beau pelage, les tapis étaient verts comme les forêts où il rôdait avant d'être mis en état d'arrestation, et bien sûr, étant un loup il ne portait ni bague ni...

À cette idée, l'orpheline soupira.

Le vendeur arriva, tout sourire :

« Puis-je vous aider, Mademoiselle ?... »

« Non, non », dit l'orpheline en rougissant.

Et elle sortit de la boutique.

Son œil fut ensuite attiré par une boutique de robes de mariées. Les robes romantiques à falbalas, tulles, dentelles et flonflons la ramenèrent encore à son rêve dominant : elle se voyait épouser son loup dans une belle robe de satin blanc… Il ne voulait plus la dévorer d'un coup, mais plutôt la déguster lentement comme une glace, d'une manière tendre et conjugale, et elle aussi…

À cette idée, l'orpheline soupira.

La vendeuse arriva, tout sourire :

« Puis-je vous aider, Mademoiselle ?... »

« Non, non », dit l'orpheline en rougissant.

Elle sortit de la boutique puis se ravisa. La vendeuse, femme rousse aux formes généreuses, lui inspirait confiance. Prenant son courage à deux mains, l'orpheline retourna dans la boutique et dit à la vendeuse :

– Enfin, finalement, si, vous pouvez m'aider... Je voudrais essayer cette robe de satin, s'il vous plaît !

L'orpheline savait pertinemment que la robe était trop chère pour elle et que son loup n'avait aucune intention de l'épouser, mais elle avait lu dans *Le succès selon Jack* qu'il est bon faire « comme si » nos rêves allaient se réaliser. Elle projetait d'enfiler la robe et de prendre un selfie, pour le mettre ensuite sur son tableau de visualisation.

– Si tu étais partie sans rien me demander, tu aurais raté la chance de ta vie, mais puisque tu as osé demander de l'aide, tu vas en avoir…, dit la vendeuse.

Elle sortit une baguette de derrière son comptoir et en tapota trois fois l'épaule de l'orpheline en disant : « Abradabra, biscoto et biscota ! »

Immédiatement, l'orpheline fut revêtue de la robe de satin blanc.

– Oh, merci ! C'est tellement mieux que de se changer dans une cabine d'essayage ! Mais, du coup… vous êtes fée, c'est bien ça ?

– C'est exact, mon enfant.

– Pourriez-vous m'aider à… atteindre mon objectif numéro un ?

– La satisfaction de Dieu ?, dit la fée avec un petit sourire en coin.

– Hum, oui, c'est vrai, c'est bien mon objectif numéro un… pourriez-vous, du coup, m'aider à atteindre mon objectif numéro deux ?

– Le loup, n'est-ce pas ?

Les joues rouges, l'orpheline hocha brièvement la tête.

– J'ai une baguette magique, c'est vrai… mais pour changer un grand méchant loup en prince charmant il faut autre chose.

– Quoi ?

– Beaucoup de patience, pour commencer…

– J'en ai. Que faut-il d'autre ?

– Tu veux le savoir ? Tu veux vraiment le savoir ?, dit la fée d'un ton solennel et presque menaçant, comme si la réponse à cette question était lourde de conséquences.

– Oui, je veux le savoir, répondit l'orpheline le coeur battant.

– Alors suis-moi dans l'arrière-boutique, dit la fée.

Autant la boutique était grande, blanche et lumineuse, autant l'arrière-boutique était étroite et sombre. Dans un clair-obscur crépusculaire s'entassait un amas confus d'objets divers.

– Regarde à tes pieds.

Aux pieds de l'orpheline, il y avait une grosse tête de loup menaçante. L'orpheline se baissa et la toucha : c'était un masque en latex. À côté, un couteau était posé par terre.

– Qu'est-ce que cela veut dire ?

– Tu le comprendras en temps et heure. Et maintenant, regarde de ce côté, dit la fée.

Sur un portant, se pressaient des vêtements variés que l'orpheline examina. Il y avait des robes du moyen-âge, des robes à paniers, et même une armure de chevalier.

– Ce sont des costumes de scène, en quoi pourraient-ils m'être utiles ?

– La vie est un théâtre, mon enfant, et pour obtenir ce que tu désires il faut, pour commencer, que tu enfiles la tenue la plus adaptée...

– J'ai déjà la tenue la plus adaptée, puisque je suis en robe de mariée !

La fée sourit avec un peu d'ironie.

– Je te rappelle, au cas où tu l'aurais oublié, que tu veux épouser un grand méchant loup qui, lui, ne rêve que de te manger... La robe de mariée est ta tenue pour le troisième et dernier acte, et encore, elle n'est même pas indispensable, tu pourrais très bien te marier sans robe blanche. Cherche le costume qui te plaît le plus, ce sera celui dont tu as besoin pour faire ce que tu dois faire maintenant.

L'orpheline fouilla parmi les habits et trouva une robe gris souris toute modeste, toute simple. Elle portait cette robe à l'époque où ses parents étaient encore vivants.

– Pourquoi cette robe est-elle ici ?

– Parce que tu l'as portée un jour. Il y a ici tous les vêtements que tu as portés et que tu porteras jamais. Ne te laisse pas hypnotiser par tes souvenirs, qu'ils soient bons ou mauvais. Tes parents sont morts, pas toi. Profites-en, fais de ta vie quelque chose de beau et de grand. Ce que tu veux, c'est épouser ton loup, n'est-ce pas ?

– Oui. Je l'aime encore plus que je n'aimais mes parents.

– Alors continue à chercher.

L'orpheline continua à fouiller parmi les vêtements, et finit par trouver une tenue qui lui faisait envie. Quand elle la vit, la fée se mit à rire.

– Et bien ! Quel contraste avec la robe de satin blanc ! Mais tu as fait le bon choix. C'est effectivement ce costume dont tu as besoin… Abradabra, biscoto et biscota !

Revêtue du costume de cat-woman, l'orpheline se sentit tout de suite beaucoup plus puissante.

– Au fait, mon enfant, comment t'appelles-tu ?

– Céline.

– Bon voyage, Céline !

Dans le mur de l'arrière-boutique, Céline vit un escalier qu'elle n'avait pas encore remarqué. Elle le monta, et traversa de cette manière tous les étages du centre commercial. Elle se retrouva sur le toit du bâtiment, sous un ciel oppressant et sombre.

Une énorme vague, un tsunami, arriva de l'horizon. La vague gigantesque dévasta et noya toute la ville. « Ce n'est pas possible, se dit Céline. C'est certainement un cauchemar que je suis en train de faire ! Je ne suis jamais entrée dans ce centre commercial, qui peut-être n'existe même pas... »

Céline se retrouvait seule sur le toit du centre commercial, entourée d'une mer agitée qui montait de plus en plus vite. À ce rythme, il ne faudrait pas plus de dix minutes pour que le toit du centre soit submergé à son tour, et dans ce cas ce serait la mort.

Un hélicoptère noir arriva. Il se stabilisa au-dessus de Céline et une échelle de corde en descendit.

Céline attrapa l'échelle et la grimpa, tandis qu'une pluie battante se mettait à tomber. Son costume de catwoman en latex noir était parfaitement adapté à cette mission ; si elle avait gardé la robe de mariée, elle se serait pris les pieds dans sa robe, aurait glissé, et serait tombée dans la mer agitée en dessous.

Céline arriva dans l'hélicoptère. Le pilote était vêtu d'une tenue noire et moulante qui ressemblait à un peu à la sienne ; elle ne pouvait voir son visage.

– Merci de m'avoir sauvé la vie.

Le pilote ne tourna pas la tête. Le bruit des pales se mêlait au crépitement violent de l'averse. Céline s'installa du mieux qu'elle put, mais elle claquait des dents.

– Où allons-nous ?

Le pilote ne répondit pas. Peut-être qu'il n'avait pas entendu.

– OÙ ALLONS-NOUS ?

Le pilote se retourna vers elle. Il avait une tête de mort à la place du visage. Céline sentit son estomac faire un double-noeud. Est-ce qu'elle était morte, finalement ? Morte dans le tsunami ? Ou peut-être morte avant même d'entrer dans le centre commercial ?

Et puis elle se rassura : elle avait beaucoup trop froid pour être morte, et la tête de mort n'était qu'une cagoule que le pilote portait sur la tête. C'était un homme normal, aux épaules larges. Céline ne dit plus rien et finit par s'endormir en grelottant au bruit assourdissant des pales.

Elle se réveilla lorsque l'hélicoptère se posa et que le vacarme des pales laissa place à un silence paisible souligné plutôt interrompu par des cris de singe et des chants d'oiseaux.

L'air était agréablement tiède. Céline descendit la première de l'hélicoptère et posa le pied sur une plage de sable fin. Une mer turquoise, des palmiers verts… ils avaient atterri dans une carte postale !

Le pilote sortit de l'hélicoptère à son tour et enleva son masque. Il était beau, et elle le reconnut avec un mélange de joie, de colère et d'anxiété.

– Tu es le Grand Méchant Loup !

– Ce n'est pas vrai. Je ne suis pas méchant. Je suis quelqu'un de bien.

– C'est ce que tu dis. Tu as dévoré combien de chaperons rouges ? Ce n'est pas pour rien qu'on t'a enfermé…

– C'est ma vie privée. Ça ne te regarde pas. Ne sois pas ingrate, je t'ai sauvé la vie.

– Pour combien de temps ? Dès que tu auras faim, tu me mangeras.

– Pas du tout. J'ai apporté des couteaux, des harpons, des cordes, du sel, un gros sac de riz, une tente… tout ce qu'il faut pour survivre. On va s'organiser. Je pêcherai le poisson, tu le feras cuire.

– Pourquoi pas l'inverse ?

— Parce que je sais pêcher au harpon et pas toi. Tu cherches le clash ou quoi ?

— Oui, je cherche le clash. Tu n'es qu'un prédateur. Tu ne me mérites pas : je suis beaucoup trop bien pour toi !

— Alors pourquoi est-ce que tu as fait tous ces efforts pour qu'on se retrouve tous les deux ?

— Quels efforts ? Je ne voulais pas mourir noyée, c'est tout !

— Hypocrite.

— Ne parle pas d'hypocrisie s'il te plaît. Moi je ne porte pas de masque !

— Si, tu portes un masque.

Céline enleva rageusement son masque de catwoman.

— C'est à cause de toi que j'ai changé comme ça ! Avant de te connaître, j'étais une fille simple, douce et gentille ! Mais quand on affaire à un loup de ton espèce, il faut devenir sournoise et méchante, ou mourir !

— Et bien moi je suis fatigué. J'ai conduit pendant des heures pendant que tu dormais comme une princesse. Je vais me reposer, si tu veux rentrer à la nage vas-y, la côte la plus proche est à 500 kilomètres.

Et Ludovic, car c'était son nom, prit ses affaires et alla faire la sieste sous un cocotier. Céline, elle, partit explorer les environs.

L'île était belle comme un rêve, rien à voir avec la ville grise où elle vivait encore la veille, avant le tsunami... Plongée dans tant de beauté et d'exotisme, Céline se sentit dépaysée jusqu'à l'angoisse. Au bout d'un quart d'heure, elle revint auprès de Ludovic. Lui au moins lui était familier.

Les jours suivants, Céline continua à bouder et Ludovic, lui-même monosyllabique la plupart du temps, ne sembla même pas s'en apercevoir.

Cependant comme ils étaient bien obligés de communiquer pour se mettre d'accord sur les activités de la journée, ils en virent petit à petit à se détendre en présence l'un de l'autre. Par ses splendides couleurs, sa solitude délicieusement sauvage et ses riches parfums, l'île paradisiaque les incitait subtilement à se laisser aller à la confiance et aux confidences.

Un soir qu'ils mangeaient un gros poisson rouge grillé au feu de bois sous le ciel qui se peuplait d'étoiles, Céline dit à Ludovic :

— Comment es-tu devenu un loup ? Tu ne me l'as jamais dit.

Après un silence si long que Céline crut qu'il ne lui répondrait pas, Ludovic dit :

— Mon père frappait ma mère à coups de ceinture. Moi aussi il me frappait. C'est normal.

— Non, ce n'est pas normal.

— Et moi, je te dis que c'est normal ! Un homme a le droit de frapper sa femme et ses enfants ! Parfois, il en a même le devoir !

— D'accord, inutile de t'énerver… Et c'est à cause de ton père que tu crois que, pour être aimé, il faut aimer sans aimer ? C'est à cause de ton père que tu veux me haïr, m'écraser, me briser, m'humilier ?

— Tu te trompes complètement, dit Ludovic sur un ton tranchant. Je ne cherche pas à humilier qui que ce soit ; je veux juste qu'on me respecte.

— Tu ne vas jamais changer, dit Céline avec désespoir.

— Pas si je peux l'éviter. Je vais me baigner, tu viens ?

— Dans la nuit ? Ce n'est pas un peu dangereux ?

— On restera là où on a pied. Allez, viens.

— D'accord, j'arrive.

Ils se baignèrent sous la lune. Céline veillait à garder son corps immergé ; Ludovic faisait le contraire. Il guettait le visage de Céline pour voir si elle appréciait ce que, l'air de rien, il lui montrait : des bras puissants, un torse musclé. Insensiblement, il se rapprocha de Céline.

— Ludovic, il y a un requin derrière toi.

Ludovic eut un petit rire carnassier.

— Bien tenté, mais ce soir tu ne m'échapperas pas…

— Ludovic, il y a vraiment un requin derrière toi !

La panique dans la voix de Céline le fit enfin se retourner. Effectivement, l'aileron du prédateur des *Dents de la mer* était à peine à trois mètres de lui. Malgré sa peur, Céline ne rejoignit pas la rive ; elle se rapprocha au contraire de Ludovic et donc du requin.

— Mais qu'est-ce que tu fais ?, dit Ludovic, va-t'en !

— À deux, ça sera plus facile de lui faire peur. Allez, ouste ! Dégage, sale bête !

Et Céline se mit à taper sur l'eau de toutes ses forces en hurlant des insultes à pleins poumons. Ludovic s'y mit aussi. Le requin, qui avait pour projet de dévorer la cuisse du jeune homme, hésita devant le raffut. Ludovic et Céline continuèrent à faire du bruit et reculèrent lentement vers la plage, tout en faisant toujours face au requin, qui les suivait à deux mètres sans se décider à passer à l'attaque. Ils purent enfin sortir de l'eau, et se couchèrent sur le sable à bonne distance de la mer.

– Comme quoi même les prédateurs ont des prédateurs, dit Céline en hoquetant de rire, euphorique que Ludovic et elle aient échappé à la mort.

– Pourquoi tu dis ça ?

– Le grand méchant loup a eu peur du grand méchant requin…

– Miaou !

Céline se réveilla dans son petit appartement ; il faisait nuit et son chat lui réclamait des croquettes.

Elle s'était endormie en pensant à son loup, et elle avait rêvé qu'elle entrait dans un grand centre commercial très luxueux pour se changer les idées.

Le rêve mouvementé qui s'en était suivi ne lui avait pas juste changé les idées, il lui avait ouvert les yeux.

Elle avait été trop faible, elle le comprenait maintenant ; pour que son âme-sœur change, il fallait d'abord qu'elle change elle-même. Il n'y avait qu'une route, un chemin ardu et rocailleux, et si elle voulait obtenir ce qu'elle voulait plus que tout au monde, il fallait qu'elle le grimpe. Elle ne pouvait plus se payer le luxe d'être romantique, naïve et un peu sotte. La pauvre orpheline en manque d'affection prête à se plier en quatre ou même en huit pour quelques miettes d'affection devait laisser le pas à une femme forte et déterminée, une femme prête à tout pour obtenir le respect auquel elle avait droit.

Céline se leva et revêtit le costume de cat-woman qu'elle avait loué pour la soirée costumée où elle était invitée puis elle sortit silencieusement dans la luit.

Sur le zoo, la pleine lune brillait.

Céline ouvrit le verrou de la cage avec un passe-partout comme une vraie cambrioleuse. Le loup, qui dormait en boule dans un coin de sa cage, cligna ses yeux jaunes au bruit de la porte.

– Allez, sors, tu es libre !

Mais le loup semblait beaucoup moins intéressé par sa liberté retrouvée que par Céline. Bien réveillé maintenant, il s'approcha d'elle en trottinant et lui lécha doucement la main gauche – juste la main gauche, car la main droite de Céline était cachée derrière son dos.

Le loup continua à lui lécher la main et petit à petit, il la lécha de plus en plus vigoureusement, de plus en plus vite. Sa gratitude se muait en faim et sa reconnaissance en appétit égoïste, aveugle et dévorant. Le coeur battant à tout rompre, Céline resserra sa main droite, celle qu'elle dissimulait, et se prépara à la suite.

Dès que les crocs du prédateur se plantèrent dans sa main gauche, avec le couteau qu'elle tenait de la main droite elle lui porta un coup adroit et vigoureux en plein dans la gorge. Le loup s'effondra, ses yeux devinrent vitreux, et après un soubresaut son corps s'immobilisa définitivement.

Céline, les mains couvertes de sang, le regarda avec des larmes dans les yeux, le coeur serré par la pitié. Elle l'aimait tant, et elle l'avait tué quand même ! Mais il le fallait : un jour ou l'autre, il se serait enfui du zoo, ou peut-être même qu'on l'aurait libéré, et alors il aurait mangé quelqu'un… Une petite fille, peut-être.

Elle essuya sa lame et ses larmes et partit pour la soirée costumée.

Ludovic y était. Il portait une tête de loup en latex, mais dès qu'il vit Céline, il ôta son masque, lui fit la bise sur la joue tout près des lèvres, et l'entraîna sur la piste de danse.

La musique se fit langoureuse.

Ludovic se rapprocha d'elle, les yeux brillants et les pupilles dilatées, avec sur les lèvres un léger sourire involontaire. Céline cligna des yeux. C'était trop beau pour être vrai… est-ce que c'était encore un rêve ?

– Je t'aime, cat-woman, lui dit Ludovic à l'oreille, je t'aime depuis que je t'ai vu derrière les barreaux…

– N'empêche que tu m'as mordu la main, j'ai encore la trace de tes dents !

– Et toi, tu m'as tué, répliqua Ludovic, c'est bien pire !

– Si tu me pardonnes, je te pardonne.

– Je ne te pardonne pas, enfin, pas tout de suite, mais je te remercie.

– C'est de l'ironie ?

– Pas du tout. En tuant le loup que j'étais, tu m'as rendu à moi-même. Mon enfance était une prison dont je n'avais pas la clé ; tu étais la seule à pouvoir m'en libérer. J'imagine que ça n'a pas été facile...

– Oh non, ça n'a pas été facile, dit Céline dont la voix s'étrangla. Ça aurait été beaucoup plus simple de te laisser me dévorer ! Mais je ne pouvais pas te laisser gâcher notre histoire...

– Tu es très courageuse, dit Ludovic en l'embrassant sur le front.

Ses yeux brillants n'étaient plus ceux d'un prédateur, c'était ceux d'un homme qui aimait sans cruauté ni dissimulation, un homme qui aimait avec tendresse et passion. Le Grand Méchant Loup avait laissé place au Prince Charmant.

Ludovic enlaça Céline d'une étreinte possessive et lui dit :

— Et maintenant, fais-toi pardonner.

— Comment ?

— Embrasse-moi.

Céline l'embrassa.

— Pas sur la joue, sur la bouche.

Et Céline lui obéit docilement, toute heureuse de pouvoir enfin se soumettre sans se perdre.

Lorsque le jour tant attendu arriva, Céline enfila un élégant tailleur pantalon blanc et rejoignit Ludovic à la mairie.

9. Le Ballon de Football

Il était une fois un ballon de foot comme tous les ballons de foot, sauf que celui-là appartenait à une équipe parisienne qui comptait un juif, un chrétien et un musulman.

Dans le vestiaire, avant et après les matchs, ces trois-là avaient souvent des discussions orageuses, et dans son coin, le ballon n'en perdait pas une miette.

Quand on est un ballon de foot, on a de longues heures de loisir entre les entraînements et le match ; le ballon avait tout le temps de cogiter sur les débats animés du juif, du chrétien et du musulman. Il se disait :

« Ils ne sont d'accord sur rien, sauf sur le fait qu'il y a un Dieu. C'est peut-être vrai... »

Il se disait aussi :

« Ils croient tous les trois à l'Au-Delà, mais se crient dessus et s'insultent à propos de sujets ridicules. Ça m'étonnerait que polémiquer sur des broutilles à s'en faire péter les cordes vocales soit le chemin du Paradis... »

Cependant le Ballon ne se sentait pas directement concerné. Les trois livres sacrés n'évoquent ni de près ni de loin les ballons de football, et encore moins leur devenir post-mortem. Le Ballon en déduisait assez logiquement que tous les objets sont voués au néant, lui compris.

À force d'écouter les conversations des uns et des autres dans le vestiaire, le ballon, qui avait un QI hors du commun pour un objet gonflable en plastique, comprit que le monde était plein d'injustices inacceptables et qu'au lieu de les combattre, la majorité des gens perdaient leur temps. Si, lui, il avait eu une tête, des bras, des mains, des jambes et des pieds, aurait-il fait comme eux ? Aurait-il gaspillé sa vie à courir après un ballon ou en regardant d'autres courir après un ballon ? Naturellement, il ne pouvait pas répondre à cette question, mais il espérait qu'il se serait comporté différemment… Il espérait que, s'il en avait eu la possibilité, il aurait lutté pour le Bien et contre le Mal, et qu'après sa mort, Dieu l'aurait généreusement récompensé de ses efforts.

De plus en plus souvent, les joueurs trouvaient le ballon mouillé ; ils s'accusaient mutuellement d'avoir oublié le ballon dans les douches, alors que le ballon pleurait. Petit à petit, le ballon en venait à haïr le jeu qui était pourtant sa seule raison de vivre et la cause de son existence. Lui qui, à une autre époque, prenait plaisir à voir sa photo à la page « sport » dans les journaux abandonnés sur les bancs des vestiaires, éprouvait maintenant de la honte à l'idée du rôle qu'il jouait malgré lui dans l'abrutissement des masses.

Le sentiment d'impuissance et la colère rentrée du ballon ne firent que croître et embellir jusqu'au jour fatidique qui devait tout changer non seulement pour lui, mais pour toute la France.

Ce jour-là était celui d'un grand match.

Au club de foot, tout le monde était ému, à commencer par les joueurs qui se préparaient pour cet événement depuis des mois. Le ballon, lui, se sentait profondément dégoûté par ce qu'il ne considérait plus que comme une comédie grotesque et absurde.

Les gradins étaient remplis à ras bord de spectateurs surexcités. Après les préliminaires en usage, le match commença. Aussitôt, les commentateurs s'égosillèrent :

« L'équipe de Danezi doit gagner par sept points sinon le titre sera définitivement perdu. Le premier ballon pour Lalbou... ça passe au-dessus du but... perte de balle... frappe, parade ! Rakétovitch avait anticipé la passe, là ça va faire très mal... Balle de but... Phénoménal ! »

Le ballon, comme d'habitude, en prenait plein la tête.

Après un coup de pied particulièrement violent, à bout de patience, il demanda à Dieu :

« Seigneur, j'en ai marre de me faire frapper, marre d'être dirigé à coups de pieds ! Seigneur, accorde-moi le libre arbitre que tu as accordé aux Hommes ! »

Dieu eut pitié de lui et l'exauça et soudain, le match de foot changea radicalement de figure.

Le ballon se faisait toujours taper, mais étant dorénavant doté d'un libre arbitre, par esprit de contradiction il choisissait la direction perpendiculaire ou opposée à celle qu'on cherchait à lui donner. Plus personne ne savait comment jouer ; des attaquants marquèrent même des points contre leur propre camp. L'étonnement et la confusion étaient générales. Les commentateurs sportifs bafouillaient des mots sans suite, pris de cours par cette situation totalement inédite dans l'histoire du football.

Encouragé par ce premier succès, le ballon fit une nouvelle demande à Dieu :

« Seigneur, délivre-moi de ce jeu stupide ! Seigneur, montre-moi mon vrai but, ma vraie mission, car Tu m'as certainement pas créé juste pour ça ! »

Dieu l'exauça encore une fois.

À la stupéfaction générale, le ballon s'éleva à la verticale au-dessus du terrain de foot. Pris de panique, le cerveau en déroute, les joueurs le supplièrent de revenir pour finir la partie. Du ciel, le ballon soudain doté de la parole leur répondit d'un ton acerbe :

« Arrêtez de vous comporter comme des imbéciles, vous savez bien que vous pouvez me remplacer par n'importe quel ballon fabriqué à la chaîne en usine ! Jouez sans moi ! »

Le ballon prit encore de la hauteur. Il se sentait libre comme un oiseau ; rien à voir avec la sensation d'être projeté en l'air par un coup de pied… Mais il ne perdit pas de temps à faire des pirouettes dans le ciel ; il n'était pas là pour s'amuser, il était en mission.

Le ballon regarda tout autour de lui. Comme souvent à Paris, le ciel était gris, mais un rayon de soleil transperçant les nuages éclairait le sommet de la tour Effeil. Le ballon y vit un Signe, et se dirigea droit vers elle.

Il arriva au-dessus de la pointe de la tour Eiffel et, après une brève hésitation, se planta dessus. La mort ne lui faisait pas peur. Au moment suprême, il éprouva même une satisfaction intense : il était certain d'accomplir sa mission.

Le ballon crevé se vida d'une substance liquide et transparente. C'était les larmes qu'il n'avait pas encore versées. Le liquide se répandit sur toute la tour Eiffel et la changea miraculeusement en or. Les passants médusés en restèrent bouche bée.

Lorsque le ballon arriva au Ciel, Dieu lui dit :

— Bravo ! Tu peux entrer au Paradis.

— Merci, Seigneur ! À quel étage ?, demanda le Ballon.

— Au rez-de-chaussée, répondit Dieu.

— C'est tout ?! Seigneur, je t'en prie, renvoie-moi sur terre pour que je fasse d'autres bonnes œuvres et mérite une meilleure place au Paradis !

— Tu as de l'ambition, j'aime ça, lui dit le Tout-Puissant. Je t'accorde sept ans de plus, profite en bien !

Aussitôt, Dieu interchangea l'âme du président de la République et celle du ballon bercé, ce qui fait que le président corrompu qui avait empiré les choses mourut planté au sommet de la tour Eiffel tandis que le ballon se retrouvait à la tête de la France sans que personne ne se doutât que ces deux événements aussi extraordinaires l'un que l'autre avaient eu lieu.

Dans les jours qui suivirent, la tour Eiffel métamorphosée, rajeunie et embellie, généra un afflux de touristes extraordinaire, sans précédent.

Profitant de cette opportunité, de plus en plus de Parisiens se formèrent aux métiers du tourisme, ce qui non seulement relança l'économie, mais changea leur mentalité ; à force d'accueillir de sympathiques étrangers, les Parisiens devinrent de moins en moins grognons et de plus en plus amicaux et chaleureux.

Le nouveau président s'entoura de conseillers sages et avisés qui l'aidèrent à prendre, dans le sens de l'intérêt général, les meilleures décisions possibles. Sous son autorité bienveillante et éclairée, les Français devinrent si heureux qu'ils en perdirent le goût des divertissements abrutissants. Le stade déserté fut changé en un grand parc avec un lac au beau milieu.

Le dimanche, les familles venaient admiraient les couples de canards mandarins qui nageaient dessus. Les enfants leur donnaient pain, ce que la nouvelle législation en vigueur autorisait. Sous le nouveau régime, il était permis de faire tout ce qu'on voulait, sauf ce qui était mal. Les petits délits étaient punis avec indulgence et les grands crimes avec sévérité. La justice avait enlevé son bandeau qui l'aveuglait ; elle avait 10 sur 10 aux deux yeux.

Par effet papillon et réaction en chaîne, bientôt la France se mit à étinceler dans le monde entier comme la tour Eiffel en or, et l'ex-ballon de foot remercia Dieu de l'avoir sorti de l'impuissance pour lui donner le pouvoir et la bonne manière de s'en servir.

Et quand, sept ans plus tard, il rendit l'âme, définitivement cette fois-ci, Dieu le fit entrer au plus haut degré du Paradis.

Postface de l'auteur

Voilà, c'est fini, du moins, provisoirement. J'espère que vous avez aimé ces histoires.

Si vous pensez comme moi que nous n'avons pas été créés pour bêler « moi aussi... moi aussi... moi aussi... », ni pour nous enthousiasmer pour ou contre une équipe de football, mais plutôt pour découvrir et réaliser nos rêves les plus secrets, je vous demande de mettre un commentaire à ce livre sur le site d'amazon.

Ce livre est inscrit au concours « Développement personnel » d'amazon : en le commentant favorablement, vous augmenter ses chances de gagner.

Merci encore pour votre confiance, et à bientôt dans un prochain livre !

Faites-vous coacher !

Explorez votre subconscient… et plantez-y les graines d'un avenir meilleur ! La méthode de coaching A.M.O.R (Action, Modification, Offirmations, Rêves éveillés) vous surprendra par son efficacité et sa simplicité. Prenez rendez-vous avec moi, son inventrice, pour une séance gratuite d'une heure (par skype ou facebook) en m'écrivant à lucia@lucia-canovi.com

Témoignages

« Avant ma première séance j'étais sceptique, je pensais que ce n'était que du blablabla. Lors de ma première séance de coaching nous avons travaillé avec la méthode du *rêve éveillé* et je peux vous dire que ça m'a vraiment réveillé ! Lucia m'a ouvert les yeux par rapport à pas mal de choses, en particulier par rapport à mes blocages. Elle a une manière de nous expliquer les choses, de nous fait faire mettre des mots sur nos ressentis, nos émotions, et petit à petit, grâce à elle, grâce à sa gentillesse et son professionnalisme, j'avance. Je me projette dans l'avenir, je me sens mieux, plus heureuse. Je ne suis plus du tout pessimiste et ça, c'est génial... Merci, coach ! »

« Merci Lucia pour ton travail remarquable, et un grand merci pour tes qualités si grandes et ta beauté intérieure. Franchement ceux qui seraient encore en réflexion... Foncez... Une excellente coach, incontestablement ! »

« Très chère Lucia, Notre coaching vient de se conclure aujourd'hui et je dirais en beauté ! Les perspectives qui se dessinent sont très enthousiasmantes car déjà les signes de Dieu sont très encourageants quant à mon futur mari, Incha'ALLAH. Je tiens à te remercier pour cet accompagnement de qualité, pour ton professionnalisme, ton écoute et ta bienveillance. Tu es pleine de Baraka, de Bénédictions. Tes offirmations sont vraiment très efficaces car en un mois je suis passée du stade de l'inquiétude au stade de la confiance, de la sérénité quant à ma vie amoureuse. Je te souhaite de ton coeur le meilleur et je ne peux que conseiller à toute femme aspirant à un développement personnel et spirituel harmonieux dans sa vie amoureuse de te contacter. QUE DIEU te COMBLE ! »

« Je suis toujours étonnée de constater que quand je t'ai connue, en mai, j'étais méga-célibataire, pensant que j'allais finir vieille fille, et qu'en août, j'ai rencontré un homme stable et sérieux. C'est vraiment déstabilisant. Ça me sidère car il est exactement tel que je le voulais : grand, beau sourire, sérieux, veut se caser, etc. On s'entend très bien et cette relation est très différente de celles que j'ai connues. Je suis estomaquée car les offirmations, ça marche vraiment. Je ne pensais pas rencontrer quelqu'un aussi rapidement. Je pense du coup à faire les offirmations pour m'attaquer à ma situation financière. J'y crois. »

« J'ai fait ma première séance gratuite. C'est plutôt impressionnant, ça m'a remis la lumière au moins au salon, là où je passe tout mon temps ! C'était très intéressant. Ça débloque des trucs, moi ça m'a recentré, j'étais vachement éparpillée, avec un truc important qui me bloquait. Je pensais ça dérisoire alors que c'était essentiel à comprendre, et à intégrer clairement. »

« À toutes celles (et ceux) qui investissent ds des sacs de marque, des fringues, des babioles, de l'alcool, des cigarettes, du shit, des sorties peu fructueuses, etc., un conseil : investissez en vous-même ! Être coaché est un bon moyen de sortir de sa léthargie, ou de la léthargie ambiante, et le coaching de Lucia est halal donc à consommer sans modération ! Pour ma part, ça m'a remise en état d'éveil par rapport à moi et à mon chemin, ça m'aide à voir plus clair dans mes motivations et à moins me disperser. J'ai fait quatre séances ! J'aime bien le développement personnel, c'est de l'éducation ! Même adulte, on a besoin de rappel et de (re)prise de conscience pour bien saisir la corde, celle qui nous mène sur le chemin que Dieu a écrit pour nous… car les Croyants ont individuellement chacun une belle mission à accomplir qui demande de nous améliorer. C'est un cadeau que Dieu le Tres-Haut fait à chacun, de façon très très personnelle… Contrairement au diable qui pousse à l'inverse, au formatage !... Pour les offirmations, j'ai un programme audio (il est inclus dans le coaching), c'est vraiment top et ce ne peut qu'être bénéfique : ce sont de bonnes paroles sur des points négatifs, à notre avantage. En gros, c'est un nettoyage de nos mauvais chakras par des bonnes ondes et des rappels qui réaffirment votre valeur… Indispensable quand on a une mission de valeur, puisque donnée par Dieu !... Bien sûr, si vous avez des gens qui sont là pour vous et font ça très bien, alors vous n'en avez pas besoin. Pour les autres, c'est vraiment un plus ! C'est un peu comme si on mémorisait les paroles d'une chanson qui dit du bien de nous, plutôt que d'apprendre des paroles futiles glanées partout dont s'emplit notre cerveau : pub, radio, messages dans la rue, téléphone, etc. D'ailleurs, les audios parlent autant de moi que de *nous*, car nous sommes semblables par "cette mission" et c'est ce que nous devons atteindre ! Moi elles me relaxent jusqu'à la somnolence du coup j'évite de les écouter en voiture, même si sur la route j'aime beaucoup ! »

« Miraculeux… Bonjour à tous ! Une séance de coaching faite par Lucia change la vie, ça nous permet de mettre beaucoup de réponses à toutes nos interrogations. Je la recommande ! Merci encore pour ton professionnalisme, ton écoute et ta disponibilité... Compétente, elle sait trouver les mots en très peu de temps sans pour autant nous avoir connus. Vraiment miraculeuse ! Un grand merci encore à toi Lucia Canovi... »

« Un superbe outil qu'est celui des offirmations... Un grand merci à Lucia pour son heure de coaching gratuite ! C'est un temps qui nous permet de comprendre la façon dont il faut poser les questions, qui grâce à leur répétition et leur côté positif amène de la légèreté au cerveau et une envie d'action. Merci encore à Lucia pour sa générosité !!! »

« Je viens de finir ma première séance de coaching avec Lucia et j'en suis ressortie très satisfaite. Je ne m'attendais pas à avoir autant de clarté et aussi rapidement. Lucia est à l'écoute et m'a guidée sur certaines questions que je me posais depuis un bon bout de temps... Je peux à présent prendre des décisions plus sereinement. Je suis très emballée à l'idée de poursuivre les séances de coaching et je recommande très fortement si vous voulez avoir des résultats directs et tangibles. »

Lucia Canovi
Editions

*Des mots qui aident, guident,
réconfortent, encouragent, éclairent, élèvent et libèrent...
Livres et programmes audios sont en vente
sur le site **lucia-canovi.com***

Programmes audios

Écoutez tous les jours *100 % confiance en soi,* et au bout de 30 jours, vous aurez une inébranlable confiance en vous-même.

Perdez du poids facilement avec *Naturellement belle et mince.*

Écoutez tous les jours *Enfin Calme* pour garder votre calme en toutes circonstances.

Écoutez tous les jours *Enfin Heureux* pour être heureux quoi qu'il arrive.

Écoutez tous les jours *Enfin Bilingue* pour apprendre l'anglais avec rapidité, facilité et plaisir.

Écoutez tous les jours *Enfin Bilingue en arabe* pour apprendre l'arabe avec rapidité, facilité et plaisir.

Parentalité

Parents heureux, enfants joyeux ! Proverbes et citations motivantes pour familles aimantes, de Anna Fonseca

Histoire

La révolution française : une conspiration ?, d'Augustin Barruel

Études/Art d'écrire

7 secrets pour réussir brillamment ses études sans le moindre stress !, de Lucia Canovi.

Écrire une scène d'action en s'inspirant d'un grand romancier, de Lucia Canovi

Psychanalyse

Freud tueur en série : vrais meurtres et théorie erronée, d'Eric Miller

Secrets et dangers de la psychanalyse : Freud n'est pas votre ami, de Lucia Canovi

Science

Sept mensonges de la science, de Lucia Canovi

La terre ne bouge pas, de Gustave Plaisant

La terre est immobile : preuve que la terre ne tourne ni autour de son axe, ni autour du soleil, Carl Schoepffer

Féminisme et sexisme

Sept mensonges du féminisme, de Lucia Canovi

Sept mensonges du sexisme, de Lucia Canovi

Religion/spiritualité

Le double discours : Tariq Ramadan le jour, Tariq Ramadan la nuit…, de Lucia Canovi

L'Islam au-delà des apparences, de Lucia Canovi

Eckhart Tolle et l'idiocratie : découvrez la doctrine et les effets d'un "grand maître spirituel", de Lucia Canovi

Pourquoi j'ai embrassé l'Islam, d'Anselme Turmeda

Essais/Actualité

Réfléchissez !, de Lucia Canovi

Êtes-vous Charlie ?, de Lucia Canovi

Poèmes

Le Lait du Mensonge : Fragments d'une parole sincère, de Lucia Canovi

Roman

La plume du diable, de Lucia Canovi

Un baron en caravane, de Elisabeth Von Arnim

Amour et mensonges sous le ciel d'Italie, de Jean Webster

Horace, de George Sand

Les dames vertes, de George Sand

Nanon, de George Sand

Cecilia, de Fanny Burney (12 volumes)

Développement personnel/Psychologie

Mentalpax : Antidépresseur naturel sous forme de livre préconisé dans le traitement de l'anxiété, des idées noires, de la dépression et des autres diagnostics, de Lucia Canovi

Le trésor : réalisez vos rêves avec les offirmations !* [Ce n'est PAS une faute d'orthographe], de Lucia Canovi

La clé du bonheur : 365 offirmations pour surmonter dépression, découragement, déprime et être heureux en toutes circonstances* [Ce n'est PAS une faute d'orthographe], de Lucia Canovi

La Clé du Calme : 365 offirmations pour triompher de l'anxiété, du stress, de la colère et trouver la sérénité* [Ce n'est PAS une faute d'orthographe], de Lucia Canovi

La Clé de la Richesse : 365 offirmations à se poser pour s'enrichir malgré la crise* [Ce n'est PAS une faute d'orthographe], de Lucia Canovi

La clé de la confiance en soi: 235 offirmations pour entrer en contact avec votre force intérieure* [Ce n'est PAS une faute d'orthographe], de Lucia Canovi

Le petit livre de la paix intérieure : Proverbes anti-stress et citations calmantes, de Lucia Canovi

Le petit livre qui fortifie : Proverbes réconfortants et citations motivantes, de Lucia Canovi

Aller mal quand tout va bien : La dépression dédramatisée, de Lucia Canovi

La dépression est-elle une vraie maladie ? 9 idées fausses sur la tristesse et le mal-être, de Lucia Canovi

Et si la dépression avait un sens ?, de Lucia Canovi

Les vraies causes de la dépression, de Lucia Canovi

Libérez-vous de l'alcool et de la cigarette : Comprendre le joug pour le briser, de Lucia Canovi

Vivez jusqu'au bout ! Suicide, mode de non-emploi, de Lucia Canovi

Vous n'êtes pas fou ! Les maladies mentales démystifiées, de Lucia Canovi

Antidépresseurs, mensonges et conséquences, de Lucia Canovi

Torture ou thérapie ? La vérité sur les électrochocs, de Lucia Canovi

Enfin heureux ! Cinq thérapies efficaces pour retrouver le sourire, de Lucia Canovi

OrdiZen : La méthode de rangement qui permet de savoir exactement où est quoi dans son ordinateur... et de le retrouver rapidement !, de Lucia Canovi

Table des matières